Janina Blankenfeld

Die Tochter bin ich

Janina Blankenfeld

Die Tochter bin ich

Kindheitserinnerungen

Der Kinderbuchverlag Berlin

ISBN 3-358-00820-7

1

Acht Stunden bevor meine Mutter am 27. April 1936 ihr zweites Kind zur Welt brachte, saß sie spätabends bei verdecktem Licht an ihrem illegalen Sender und funkte. Am Tage, als sie aus der Klinik zurückkehrte, funkte sie wieder.

In dieser Nacht begann ihr im Geheimcode verschlüsseltes Telegramm mit dem Satz: «Entschuldigt Verzögerung, habe Tochter geboren.» Diese Tochter bin ich.

Mutter war Kommunist und Partisan der Roten Armee, ein heimlicher Soldat ohne Uniform. Ihr Deckname war «Sonja»; ihre Waffe der selbstgebaute Sender. Als Kundschafter für die Sowjetunion funkte sie wichtige Meldungen nach Moskau, die einen Krieg mit dem einzigen sozialistischen Land, das es damals gab, verhindern sollten. Mutter durfte niemandem etwas von ihrer Arbeit sagen. Sie hatte strengste Schweigepflicht auch den nächsten Freunden, Verwandten und den eigenen Kindern gegenüber.

Deshalb konnte ich nicht wissen, warum mein Leben so merkwürdig verlief, warum sich meine Kindheit in mehreren Ländern abspielte, warum ich drei Sprachen hintereinander lernen, so oft die Schule wechseln und so viele Trennungen von meinen Eltern erleben mußte. Ich erfuhr die Gründe, wie viele andere Menschen auch, erst vierzig Jahre später.

Eigentlich war ich schon vor der Geburt ein internationales Kind. Mutter war Deutsche, aber auch

Ich bin 1 Monat alt
Warschau 1936

eine Zeitlang Engländerin; entstanden war ich in China, geboren bin ich in Warschau, drei Jahre bevor Hitler den Zweiten Weltkrieg begann und die deutschen Faschisten in Polen einfielen. Viele Menschen machten sich schon lange zuvor Sorgen um den bedrohten Frieden, aber nur sich Sorgen machen hilft nicht. Eine Gefahr muß man bekämpfen, und das tat Mutter, wenn auch ihr eigenes Leben dadurch bedroht war.

Als ich geboren wurde, war mein Bruder fünf Jahre alt. Ein Kind zur Welt bringen ist immer eine große Verantwortung. Sicher hat Mutter lange darüber nachgedacht, ob sie nicht leichtsinnig handelte, ob sie mich haben durfte oder nicht. Aber sie war immer zuversichtlich und glaubte stets, die Antifaschisten würden Hitler besiegen. Und sie wollte mich so gerne haben.

Es muß ja auch schön für sie gewesen sein, gerade in so schwerer Zeit, solch eine Freude mit einem Baby zu erleben.

Nach den Erzählungen meiner Mutter war ich das hübscheste Kind der Klinik. Aber so denken alle Mütter von ihren Neugeborenen, da war meine keine Ausnahme. Und wie alle Mütter machte sie sich Sorgen um die kleinste Kleinigkeit – bei mir um einen Fleck im Gesicht, der aber nach ein paar Tagen verschwand. Wegen so etwas kullerten ihr die Tränen, obwohl sie sich so tapfer in der illegalen gefahrvollen Arbeit verhielt. Natürlich

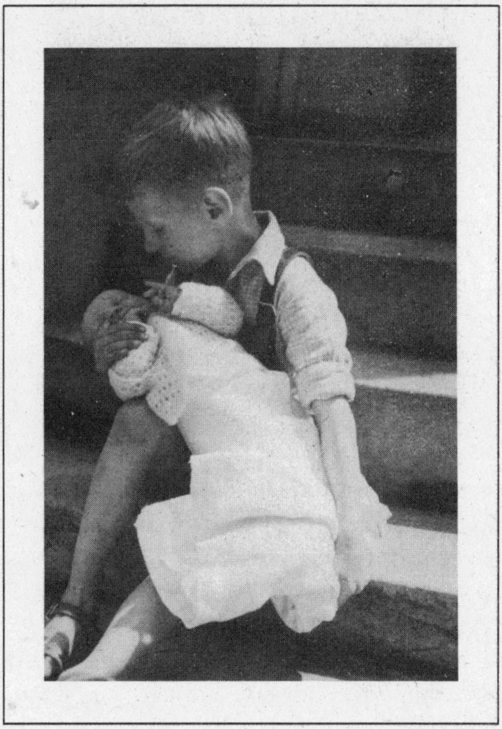

Mein Bruder Mischa lernt Säuglingspflege

war sie um unsere Sicherheit sehr besorgt. Was wäre mit uns geschehen, hätte man sie, wie viele Genossen, plötzlich verhaftet?

Ein Baby braucht regelmäßig seine Mahlzeiten, es soll auch nicht stundenlang mit nassen Windeln liegen. Deshalb mußte mein Bruder lernen, mich zu wickeln und zu füttern, eine Flasche richtig zu halten, ein Bäuerchen

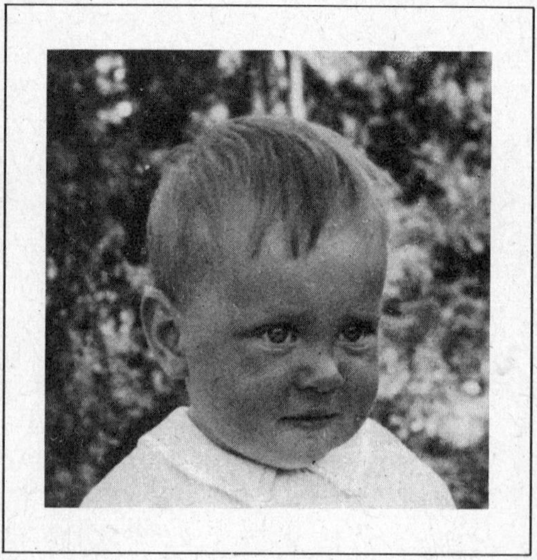

Ich bin 8 Monate alt

abzuwarten. Und strampelnde Beine beim Wickeln zu bändigen – das ist nicht so einfach für einen gerade Sechsjährigen. Bestimmt quietschte und lachte ich dabei vor Vergnügen, und mein Bruder schwitzte und strahlte, als er es schaffte.

Viel später erzählte mir Mutter, ich sei einmal nachts aufgewacht und hätte geweint und geweint, gerade als sie im Nebenzimmer funken wollte. Die festgesetzte Zeit konnte nicht verschoben werden, und sie hatte Angst, mein Bruder würde durch mein Geschrei wach werden. Also nahm sie mich auf den Arm, wiegte mich hin und her und funkte dabei weiter. Es nutzte nichts, ich wollte mein nasses Bündelchen loswerden. Sie mußte also morsen: «Bitte warten!» Der Genosse, viele Kilometer entfernt in der Sowjetunion, hätte hundertmal raten können, was der Grund sei – bestimmt wäre er nicht daraufgekommen. Erst als ich trocken und zufrieden einschlief, konnte meine Mutter weiterarbeiten.

Manches aus meinen ersten Lebensjahren weiß ich aus Briefen, die meine Mutter an ihre Mutter schrieb. Ich lernte unsere Großmutter erst kennen, als ich schon vier Jahre alt war, deshalb schrieb meine Mutter regelmäßig und ganz ausführlich über meinen Bruder und mich an ihre Eltern. So schrieb sie, als ich fast zwei Jahre alt war: «Ninas Lieblingsspielzeug ist ein Kamm, und sie spricht nur ein Wort – Wauwau. Falls sie im Leben weiter nichts dazulernt, um ihre Zukunft ist uns nicht bange. Sie kann ja Hundefriseuse werden.» Später waren es für uns die schönsten Stunden, wenn meine Mutter uns aus diesen Briefen vorlas. Sie waren so lebendig. Wir erfuhren auch viele lustige Dinge über uns und entdeckten Eigenschaften, die uns bis heute geblieben sind. Aber Hundefriseuse bin ich nicht geworden!

Als ich drei Jahre alt war, mußten wir Polen verlassen. Drei Jahre sind eine lange Zeit für einen Kundschafter, der zweimal wöchentlich illegal einen Sender betreibt. Da bestand ständig die Gefahr, daß die Faschisten das Gerät entdecken könnten. Sie hörten die fremden Funkzeichen und wußten, da sendet jemand heimlich.

Kurz bevor Polen von den Hitlersoldaten überfallen wurde, erhielt meine Mutter aus Moskau den Auftrag, in die Schweiz zu gehen. In diese Zeit fallen meine ersten eigenen Erinnerungen. Wir wohnten hoch oben in den Bergen, in einem einsamen Bauernhaus. Das war sicher gut für das Funkgerät und für die Arbeit meiner Mutter. Der Sender war immer versteckt, mal auf dem Heuboden, mal in einem Geheimfach im Schrank, mal im Keller. Meine Mutter hatte erst recht strenge Schweigepflicht gegenüber zwei neugierigen Kindern. Vielleicht ist es schwer, sich vorzustellen, daß jemand so lange und sogar vor den liebsten Menschen schweigen oder manchmal auch schwindeln muß. Aber wenn man weiß, daß man schon durch ein Wort andere und sich selbst in Lebensgefahr bringen kann, dann ist es zu verstehen.

Landschaft um La Taupinière, rechts unser Haus, unten Mischas Schule

Wir Kinder ahnten nichts von Krieg, von gefahrvoller Arbeit, von heimlichen Treffs mit den Genossen. Wir wußten nichts von den Sorgen der Erwachsenen und daß viele, auch meine Mutter, sich in ihre Heimat zurücksehnten. Aber natürlich in kein faschistisches Deutschland.

Sicher tat es meiner Mutter gut, zu sehen, wie sorgenfrei wir anfangs in dieser wunderschönen Gegend aufwuchsen, denn sie wußte ja nicht, was uns die Zukunft bringen würde. Da war ihr jede Stunde, in der wir glücklich waren, kostbar.

Unser Bauernhaus grenzte an einen Stall, und ich erinnere mich an die vielen Kühe mit den Glocken am Hals. Es roch warm und gut, und die Glocken klingelten in den verschiedensten Tönen.

Mein Bruder fuhr in den Wintermonaten im tiefsten Schnee mit Skiern zur Schule. Die Kinder blieben dort den ganzen Tag, und Mutter hängte ihm eine kleine Lampe um den Hals, damit er den Rückweg bei Dunkelheit besser finden konnte. Jeden Spätnachmittag stand ich am Hügel und schrie vor Freude, wenn ich im Tal die kleine Lampe auf und ab hüpfen sah. Dann wußte ich – Mischa kommt endlich.

Im Frühjahr gab es gleich hinter unserem Haus ein großes Feld wilder Narzissen. Zum Ärger meiner Eltern stampfte ich zu gern darin herum und knickte die Blumen.

Von klein auf nahmen uns die Eltern auf Wanderungen mit. Sie liebten beide die Natur, schöne Landschaften und einsame Gegenden. Als Kinder haben wir eigentlich nie so darauf geachtet, aber als wir erwachsen waren, empfanden wir die Natur genauso schön und liebten sie. Bestimmt waren unsere Eltern daran beteiligt, und heute sind wir ihnen dankbar dafür.

Ja, manchmal wurden meine Eltern auch von quengelnden Kindern begleitet, die getragen werden wollten, zum Beispiel von mir. Einmal wollte ich immer wieder am Hals meines Vaters hängen. Er war eigentlich

Frühling in der Schweiz 1938

nicht mein richtiger Vater und kam erst zu uns, als ich drei Jahre alt war, aber für mich war er immer der richtige. Jedenfalls hatte er sich schon lange mit mir abgequält, und als ich nun zum zehntenmal quengelte, «ich will um deinen Hals», da antwortete er streng: «Wenn du noch einmal Hals sagst, dann ...» Aber aus lauter Bockigkeit mußte ich den Hals unterbringen und fragte: «Blauer Hals darf ich doch wenigstens sagen?» Da sahen sich meine Eltern an und lachten.

Meine Mutter habe ich eigentlich immer fröhlich in Erinnerung und nie schlechtgelaunt oder laut.

Zwei Jahre lebten wir in der Schweiz. Hier lernten

mein Bruder und ich Französisch, so sprach man in diesem Teil des Landes. Es war meine erste Fremdsprache. Leider habe ich sie später verlernt, weil andere dazukamen. Wir merkten nicht, daß diese Zeit für unsere Eltern besonders schwer war. Der Krieg hatte begonnen, Polen war von den Faschisten überrollt. Mein Geburtsort Warschau gehörte zu den Städten, die später die schlimmsten Bombenangriffe erlebten. Tausende Kinder und Erwachsene kamen in Konzentrationslager oder Ghettos, und viele von ihnen wurden vernichtet. Wie muß meine Mutter um Freunde gebangt haben, und wie muß es sie geschmerzt haben, wenn sie an das Schicksal dieser Kinder dachte. Auch um meine Großeltern machte sich meine Mutter Sorgen. Sie hatten, wie viele Antifaschisten und Juden, mit der ganzen Familie Deutschland verlassen müssen, und um ihr Leben zu retten, flüchteten sie nach England. Das ist nicht so einfach, wenn man fast sechzig Jahre in einem Land gelebt hat. Wie soll man sich da woanders wohl fühlen, wie Arbeit finden und Geld verdienen?

Eines Tages kamen zwei Polizeibeamte zu uns in die Berge, liefen um das Haus, kamen herein und stellten Fragen über Woher und Wohin und was meine Mutter so mache. Sie antwortete ihnen ganz ruhig. Immer war sie auf solche Fragen vorbereitet, und schlagfertig war sie auch. Als beide verschwanden, mußte das Funkgerät rasch auseinandergebaut und versteckt werden. Meine Eltern warteten, bis wir fest schliefen. Als es dann Nacht wurde, suchten sie eine sichere Stelle im Wald. Unter einer Baumwurzel gruben sie ein Loch, legten die einzelnen Teile hinein und verdeckten sie mit Erde, Laub und Zweigen. Sie merkten sich die Stelle gut, weil sie das Funkgerät wieder benutzen wollten. Aber dazu kam es nicht mehr …

Unsere Kinderfrau, die bei uns lebte und meiner

Mutter bei unserer Betreuung half, liebte mich ganz besonders. Vielleicht wollte sie mich ganz für sich haben, vielleicht war sie auch einfach alt und krank, den Grund kannte niemand genau, jedenfalls fing sie an, im Dorf über meine Mutter zu schwatzen. Beim Friseur, beim Bäcker, sogar bei der Polizei erzählte sie, das sei eine Kommunistin. Wie gut, daß sie nichts Näheres wußte. Keiner glaubte ihr, alle dachten: Dummes Geschwätz einer alten Frau, die sich wichtig machen will. Aber falls doch jemand nachforschen würde, wäre das sehr gefährlich für uns geworden. Nun mußte rasch gehandelt werden. Viele Male hatte meine Mutter überlegt, was sie in solch einer Situation tun würde. Sie mußte sich so verhalten, daß sie ihre Genossen, sich und ihre Familie nicht noch mehr in Gefahr brachte. Um Gefängnis und vielleicht Folterungen leichter zu überstehen, hatte sie schon viele Jahre versucht, ganz gesund zu leben. Wieviel schwerer wäre es im Gefängnis gewesen, hätte sie sich vielleicht dort das Rauchen abgewöhnen müssen. Und wieviel leichter hält ein abgehärteter Körper das Leben in einer Zelle aus. Deshalb trieb sie, wann immer Zeit dafür blieb, Sport.

Es war aber nicht so, daß Mutter dauernd an solche schlimmen Dinge dachte. Obwohl immer darauf vorbereitet, war ihr Leben nicht voller Ängste. Die Zeit dafür ließen ihr schon die zwei kleinen lebhaften Kinder nicht. Sie erlebte mit uns die Sorgen und Freuden aller jungen Mütter – die ersten Schritte und Worte, die vielen Fragen und auch die Krankheiten. Ich glaube, gerade weil wir da waren, weil sie mit uns lachen und fröhlich sein konnte, auch wenn ihr manchmal nicht danach zumute war, hatte sie die Kraft, diese Zeit zu überstehen.

Unsere Anwesenheit war noch ein Grund mehr, doppelt vorsichtig zu sein, ruhig und besonnen zu handeln, und bestimmt hat sie gerade unseretwegen auch an die vielen anderen Kinder gedacht, deren Leben durch einen Krieg bedroht war.

Das wichtigste Beweismittel war vergraben, nun mußten wir auch in Sicherheit gebracht werden ... Das bedeutete Trennung von den Eltern. Wir beide kamen in ein Kinderheim, weit entfernt von Polizei und Kinderfrau, meine Eltern zogen vorübergehend in eine Pension. Obwohl Mutter ein schönes Heim mit lieben Erziehern gewählt hatte, war diese Trennung für mich der erste große Schock in meiner Kindheit. Ich war doch erst vier Jahre alt und klammerte mich an meine Mutter und

Sehnsucht nach Mutti 1939

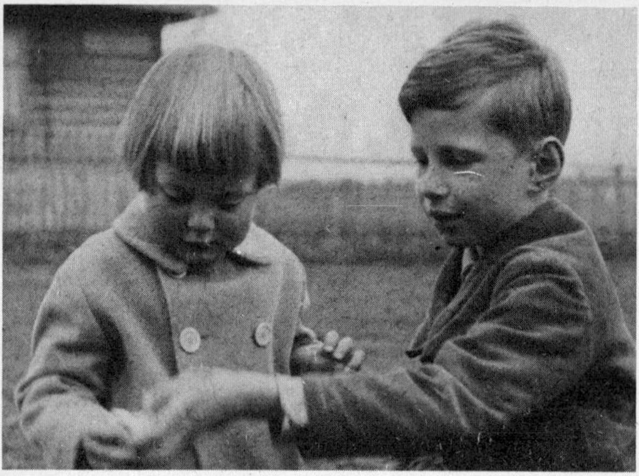

Mischa ist mein liebster Spielgefährte
Zakopane 1938/39

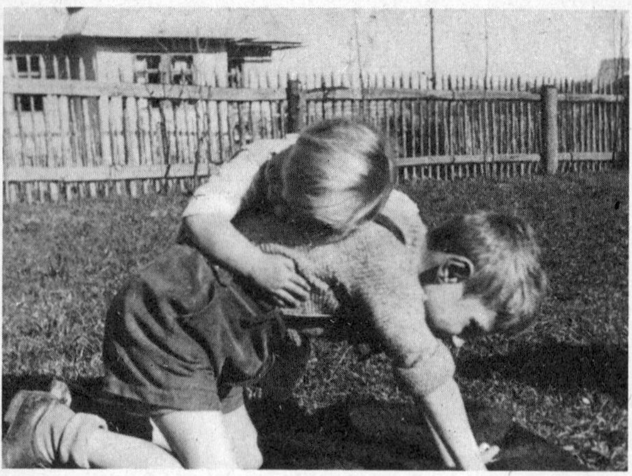

schrie. Mein Bruder versuchte, tapfer zu sein und mich zu trösten, aber er war selbst den Tränen nahe. Unsere Mutter drehte sich schnell weg, um ihr Gesicht nicht zu zeigen. Sie wußte nicht, ob sie uns je wiedersehen würde. In der Schweiz gab es nämlich ein Gesetz, wonach Deutsche, die dort lebten und gegen Hitler handelten, jederzeit an die Grenze zu Deutschland «gestellt» werden konnten. Das hieß, sie wurden aus der Schweiz ausgewiesen und mußten in ihre Heimat zurückkehren. Da meine Mutter schon viele Jahre Kommunistin war, hätte die Rückkehr in diese Heimat ihren sicheren Tod bedeutet.

Das war nicht die letzte Trennung für uns, und wir wußten niemals, weshalb. Während dieser Zeit blieb mein zehnjähriger Bruder immer an meiner Seite. Ihm war selbst schwer ums Herz, aber er war so lieb und fürsorglich mit mir und beschützte mich, wo er nur konnte. Meine Mutter wußte, wie sehr wir aneinander hingen, und da hat es sie wohl doch etwas getröstet, daß wir beide zusammen waren. Sicher ist unsere enge Bindung zueinander aus dieser Zeit erwachsen. Ich weiß jedenfalls, daß wir uns bis heute, also über 45 Jahre lang, nie gestritten haben, und ich liebe und achte ihn wie damals.

Als ich später in England, unserer nächsten Heimat, mein erstes Taschengeld erhielt, habe ich ihm davon einen riesigen Dolch gekauft. Mutter war entsetzt, aber er strahlte.

Viele Deutsche, die vor Hitler in der Schweiz Zuflucht gesucht hatten, waren durch den begonnenen Krieg beunruhigt. Die Grenze war so nah, wann ist die Schweiz an der Reihe? Sie versuchten, in andere Länder zu fliehen. Mutter mußte auch die Schweiz verlassen, denn es kam der Auftrag, nach England zu gehen.

Viele von euch sind sicherlich schon mal umgezogen,

und ihr wißt, was das für eine Arbeit macht, besonders, wenn man in eine andere Stadt zieht. In ein anderes Land zu ziehen – mein drittes, für meinen Bruder war es schon das vierte, denn er wurde in China geboren, wo Mutter auch als Kundschafter gearbeitet hatte, mit wenig Geld, ohne zu wissen, was einen erwartet, vom Krieg begleitet und mit zwei Kindern an der Seite –, das war nicht so einfach. Aber in England würde meine Mutter die Eltern und Geschwister endlich wiedersehen, und vor allen Dingen, sie könnte uns wieder bei sich haben. Das war die größte Freude. Nur daß mein Vater vorerst in der Schweiz zurückbleiben mußte, machte meine Eltern traurig.

Unsere Reise nach England führte unter anderem über Spanien, und für dieses Land hatte er Durchreiseverbot. Später erfuhren wir, weshalb.

1936 hatte das spanische Volk nach jahrelanger Unterdrückung und Armut eine Republik gegründet. Es wählte eine Regierung, die endlich den vielen Bauern und Arbeitern ein leichteres Leben und Rechte verschaffen wollte. Fortschrittliche Menschen in aller Welt freuten sich über diesen Sieg und bewunderten das tapfere spanische Volk. Als die junge Republik im selben Jahr durch spanische und deutsche Faschisten bedroht wurde, leistete das Volk verzweifelten Widerstand. Viele Tausende bangten mit ihm, und es geschah etwas Einmaliges in der Weltgeschichte. Aus 51 Ländern eilten Freiwillige herbei, um das spanische Volk in seinem Kampf zu unterstützen.

Es waren Freiwillige, die wußten, daß es keine Bezahlung gab, daß das hungernde Volk sie ernähren mußte, daß die Kampfbedingungen schwer waren und ihren Tod bedeuten konnten. Sie nannten sich die Interbrigaden. Zu ihnen gehörte auch mein Vater – er war damals 22 Jahre alt.

Vater

Drei Jahre dauerte der Krieg, bis die Faschisten doch siegten, weil ihnen das faschistische Deutschland und auch Italien Soldaten und Waffen schickten ... Während dieser Zeit gab es aber auch unzählige Beispiele der Solidarität; eine Solidarität, die das spanische Volk nie vergessen hat und die nie besiegt wurde. Von überall gelangten Waffen, Nahrungsmittel, Medikamente und Geldspenden nach Spanien. Dort, wo die Menschen nichts besaßen, spendeten sie ihr Blut für die Verwundeten.

Mein Vater spricht nicht viel über diese Zeit, aber wenn er erzählt, dann merken wir, daß diese drei Jahre bei den Interbrigaden zu den wertvollsten seines Lebens gehören. Dort hatte er viele gute Genossen kennengelernt, Freundschaften fürs Leben geschlossen, und die Solidarität, die er dort erlebte, konnte auch er nie vergessen.

Mein eigentlicher Vater war ebenfalls ein guter Mensch und ein tapferer Kommunist. Er war Kundschafter wie meine Mutter, und sie lernten sich bei der Arbeit kennen. Jeder von ihnen bekam dann den Auftrag, in ein anderes Land zu gehen, da mußten sie sich trennen. Das fiel ihnen sehr schwer, weil sie sich liebten, und außerdem erwartete meine Mutter ja mich. Nur er wußte davon, sonst niemand, und sie nahm sich auch fest vor, weiterzukämpfen und ihren Auftrag zu erfüllen. Ich glaube, das war die allerschwerste Zeit in ihrem Leben. Es ist doch viel schöner, wenn sich zwei auf ein Kind freuen, und gerade in dieser Zeit möchte man ganz dicht beieinander sein und sich doppelt liebhaben.

Als ich später selbst ein Kind hatte, erzählte mir meine Mutter von meinem Vater, und ich fragte, ob er mich je gesehen hätte. Sie sagte: «Ein einziges Mal, als du drei Jahre alt warst.» Ich konnte aber nicht verstehen, warum er nie schrieb und nicht mehr von mir wissen wollte. Aber ich dachte mir, sie versteht es vielleicht selbst nicht, und da wollte ich sie nicht mit Fragen quälen.

. . .

Von der Schweiz nach England fliegt man heute zwei Stunden. Da die Faschisten den Flugraum und mehrere Länder bereits besetzt hatten, konnten wir nur auf Umwegen reisen. Frankreich, Spanien und Portugal mußten wir durchqueren. Dann ging es per Schiff weiter, zunächst in entgegengesetzter Richtung nach Gibraltar und dann wieder zurück über den Atlantischen Ozean nach England. Jeder kann sich auf der Landkarte ansehen, was das für eine verdrehte Reiseroute war. Nur das Wichtigste an Gepäck durfte meine Mutter mitnehmen, jedes Kleidungsstück wurde deshalb genau überlegt, und wir Kinder mußten unser Spielzeug zurücklassen.

Kurz vor Weihnachten 1940 begann unsere Reise. Mein Vater brachte uns zum Bus, half die Koffer verstauen. Dann umarmte er uns und blieb winkend zurück. Wir Kinder waren so aufgeregt und bemerkten gar nicht, wie schwer den Eltern der Abschied fiel. Damals wußten sie auch nicht, daß sie sich erst 20 Monate später wiedersehen würden. Aber so erging es vielen. Überall brachte der Krieg solche Trennungen mit sich. Und wie viele sahen ihre Familien nie wieder.

2

Wir fuhren durch Frankreich bis zur Stadt Nîmes, wo wir übernachteten. Dann ging es weiter bis zur spanischen Grenze hoch oben in den Pyrenäen. In Barcelona, der ersten größeren Stadt in Spanien, war die Busfahrt zu Ende. Die Reise war so teuer, daß meine Mutter nur einen Platz für uns Kinder gemeinsam nehmen konnte. Sie hielt mich deshalb insgesamt 20 Stunden auf dem Schoß.

Als wir im Gebirge an der französisch-spanischen Grenze ankamen, mußten alle aussteigen. Drei Stunden lang dauerte die Kontrolle. Wir warteten auf der Straße, es gab keinen Aufenthaltsraum und keine Toilette. Bald hatten wir rote Nasen und Ohren von dem eisigen Wind. Als ich unsere letzte Thermosflasche mit heißem Tee fallen ließ und alles im Schnee zerfloß, war das ein richtiges Unglück. Um uns warm zu halten, lief Mutter mit uns auf und ab. Und damit die Zeit nicht so lang wurde und wir nicht ans Frieren dachten, erzählte sie uns dabei Geschichten. Ihre Geschichten waren meist selbst ausgedacht und wunderbar. Immer wieder wollten wir Fortsetzungen hören, und wehe, wenn sie plötzlich eine andere Heldin erfand. Von den alten Märchen hatte ich «Schneewittchen» am liebsten. Sogar Erwachsene hörten mit zu. Ich erinnere mich, als ich später ein Angsthase beim Zahnarzt war, erzählte sie, um mich abzulenken, so spannend, daß der Zahnarzt sogar das Bohren vergaß. Als sie die Behandlung bezahlen wollte – das mußte man damals in England –, wollte er nichts nehmen und fragte, ob sie bald mit mir wiederkäme. Bestimmt warteten seine Kinder zu Hause gespannt auf die nächste Fortsetzung.

In Barcelona zeigte Mutter uns die alte spanische Stadt. Wir liefen lange durch ganz kleine Gassen, über Marktplätze und bewunderten die Trachten der Frauen. Obwohl die Menschen arm waren und hungerten, hatten sie schöne stolze Gesichter, und alles an ihnen war so lebendig. Während Mutter unsere vielen neugierigen Fragen beantwortete, war sie bestimmt mit ihren Gedanken bei meinem Vater. Hier hatten er und seine Freunde gekämpft und viel geopfert, und nun verbot die neue, faschistische Regierung unter General Franco allen ehemaligen Interbrigadisten wie Verbrechern, das Land auch nur für ein paar Stunden Durchreise zu betreten.

Am nächsten Tag reisten wir mit dem Zug – er hatte sechs Stunden Verspätung – nach Madrid, der Hauptstadt Spaniens. Von dort aus sollte es über die spanisch-portugiesische Grenze nach Lissabon weitergehen. Als meine Mutter mit uns auf den Bahnsteig kam, standen die Menschen wie eine Mauer am Zug, und sie kämpften verbissen darum, hineinzukommen. Wann der nächste fuhr, wußte niemand, unsere Fahrkarten hatten auch nur für diesen Tag Gültigkeit. Das Durchreisevisum lief ebenfalls ab. Es war der 23. Dezember und kurz vor Mitternacht. Mutter reichte uns durchs Fenster und das Gepäck hinterher. Als sie selbst zur Tür hineinwollte, stieß sie jemand in dem Gedränge die Stufen herunter. Wir standen in dem dunklen Abteil, umgeben von Taschen, und schrien nach ihr. Als Mitreisende uns trösten wollten, verstanden wir die fremde Sprache nicht und weinten noch mehr. Da reichte uns jemand wieder heraus, aber das ganze Gepäck blieb im Zug. Ringsum waren die Menschen durch den Krieg, durch die Ungewißheit in Panik geraten. Da griffen Soldaten mit

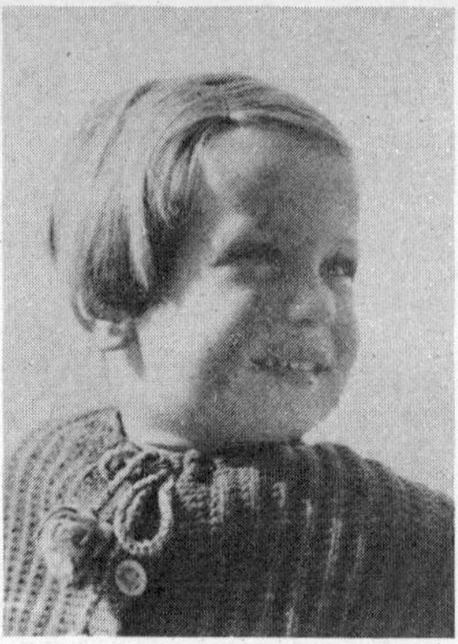

Mutter erzählt: Es war einmal ein schönes Kind

... und ward darum Schneewittchen genannt

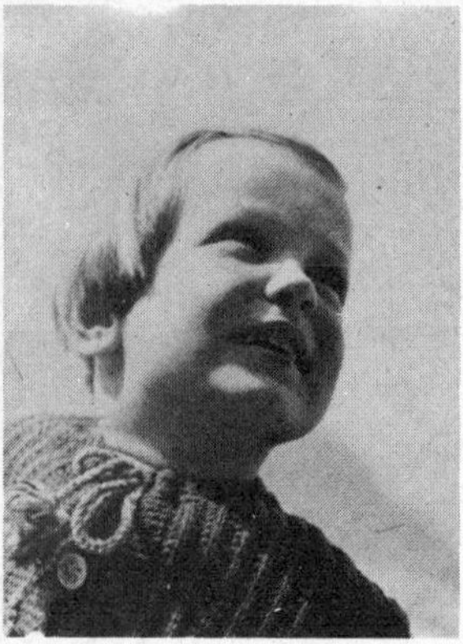

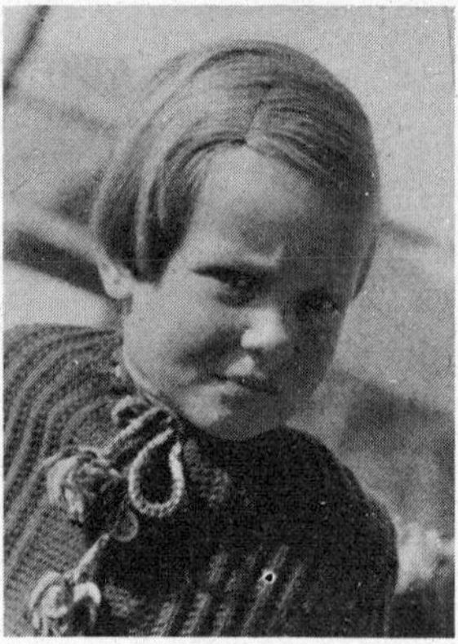

... Spieglein, Spieglein an der Wand

wer von dem Apfel aß, der mußte sterben

*... nahm die giftige Hälfte
und biß hinein*

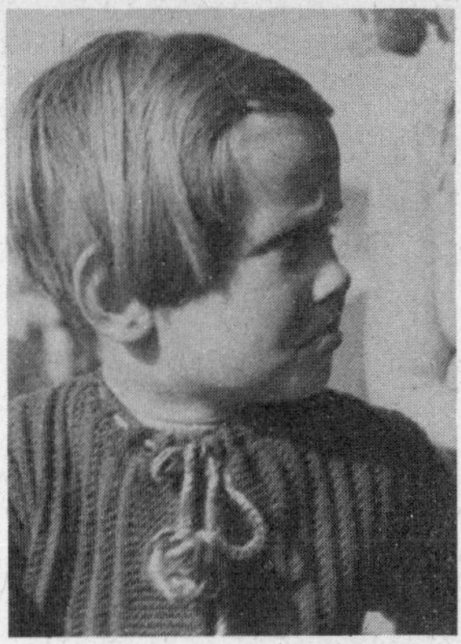

*... fiel es tot zur Erde
und kam in einen Sarg*

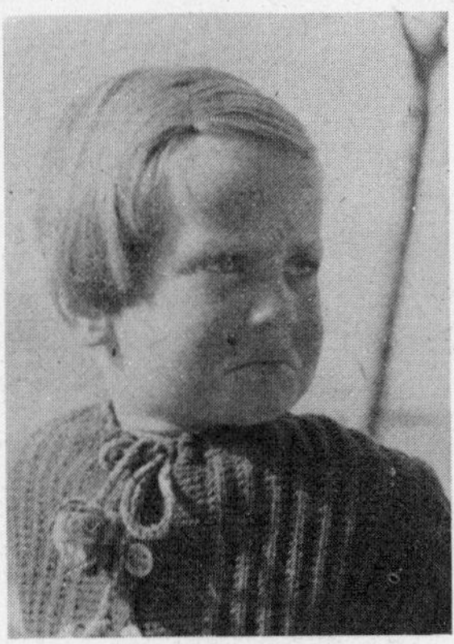

*die sieben Zwerge weinten
drei Tage lang*

*... wurde sie wieder lebendig
und alle tanzten vor Freude*

gezogenen Revolvern ein und versuchten, die Menge von Türen und Fenstern zurückzudrängen. In dieser Situation erfand meine Mutter eine Notlüge. Sie stürzte zum vornehmen internationalen Schlafwagenabteil, wo es ruhig zuging, erzählte dem Wachhabenden, sie sei das Kindermädchen und müsse uns unbedingt zu unseren Eltern bringen, wir seien schon halbtot vor Angst. Er sah unsere verweinten Gesichter und großen Augen und glaubte ihr.

Wir liefen von Abteil zu Abteil, aber alle Schlafwagen waren besetzt. Da entdeckten wir ein Ehepaar, das sich mit uns Kindern während der langen Busfahrt angefreundet hatte. Mischa und ich schlüpften mit in ihre Betten unter die Decken, und unsere Mutter versteckte sich alle paar Stunden woanders.

Am 24. Dezember kamen wir in Lissabon, der Hauptstadt Portugals, an; alle drei krank. Mutter steckte uns gleich ins Bett. Sie rannte in die Stadt, einen Arzt holen, und kaufte unterwegs noch schnell drei Geschenke für uns – eine Puppe, einen Baukasten und einen künstlichen Tannenbaum, der nicht größer war als ein Schulheft.

Lissabon ist eine Hafenstadt am Meer. Von hier aus sollten wir mit dem Schiff unser Reiseziel England erreichen. Während des Krieges war das Reisen auf dem Meer gefährlich, denn oft wurden Schiffe durch faschistische U-Boote bedroht oder liefen auf Minen und explodierten. Ganze Familien, die damals vor Hitler flüchteten, ertranken auf hoher See. Deshalb fuhr kein Schiff mehr weite Strecken allein, sondern immer im Konvoi, von Kriegsschiffen zum Schutz begleitet.

Drei Wochen mußten wir warten, bis ein Konvoi zusammengestellt und Platz auf einem Schiff für uns frei war. Lissabon liegt am Atlantik, und dort ist es im Dezember warm und sonnig. Für uns waren es drei schöne Wochen, in denen wir uns in einem Vorort von Lissabon am Strand erholen konnten, wir tobten herum und spielten im Sand.

Für meine Mutter aber waren es drei Wochen voller Sorgen. Jeden Tag lief sie zum Hafen und erkundigte sich nach der Abfahrt, denn unser Geld schwand dahin. Jede Mahlzeit mußte genau überlegt werden. Die Kriegsmeldungen waren erschreckend, und Mutter dachte an ihre Freunde und Kampfgefährten. Auch um meinen Vater sorgte sie sich und versuchte überall, einen Reiseweg nach England für ihn zu finden.

Wir erfuhren aber nichts von ihren Problemen, sie dachte wohl, wir hätten es so schon schwer genug. Es tat ihr auch sicher weh, zu sehen, daß wir nicht in der Ruhe und Geborgenheit einer Familie aufwuchsen, wie es Kinder eigentlich immer sollten.

Wenn wir zusammen waren, war es dann doppelt schön, und unsere Mutter gab uns so viel Liebe wie möglich. Sie achtete aber auch darauf, uns nicht zu sehr zu verwöhnen. Obwohl wir eine sehr lebhafte Mutter hatten, kann ich mich nicht erinnern, daß es zu Hause jemals laut zuging, Schläge oder Streit gab. Dabei streiten sich doch die besten Eltern mal, egal, wie lieb sie sich haben. Und sicher gehörten unsere auch dazu. Sie müssen es aber immer heimlich getan haben, denn bemerkt haben wir nichts. Später, als ich ein eigenes Kind hatte, wollte ich auch so sein wie meine Mutter, keine schlechte Laune zeigen, immer ruhig bleiben und nie vor dem Kind streiten. Aber immer gelungen ist mir das nicht.

Wenn ich an meine Kindheit zurückdenke, tue ich es trotz der Schwere gerne, und alles ist voller Wärme und Liebe. Das ist doch eigentlich schön für eine Mutter, wenn ein Kind so denkt.

Endlich war es nun soweit: 12 Schiffe machten die

gefährliche Reise gemeinsam. Die Kabinen mußten immer verdunkelt bleiben, damit nachts kein Lichtschimmer auf dem Meer zu sehen war. Jeden Abend kontrollierten die Matrosen das ganz genau. Eine vergessene Verdunklung oder eine helle Ritze hätte ein großes Unglück für Hunderte Passagiere bedeutet. Alle trugen ständig einen Rettungsring bei sich. Meiner war so groß, daß gerade Kopf und Beine herausragten. Ich stapfte wie ein Storch umher und mußte den Ring immer festhalten.

Eines Morgens wurden wir Kinder wach und dachten, wir träumen noch. Koffer, Taschen, sogar mein Nachttopf schwammen in der Kabine hin und her. Mutter selbst war schuld. Sie hatte, als es dunkel war, das Bullauge ein klein bißchen aufgeschraubt, weil wir die stickige Luft haßten, und die hohe See verursachte eine Überschwemmung. Da wußte sie nicht, ob sie lachen oder weinen sollte. Aber schleunigst das Gepäck hochnehmen und trocknen, das mußte sie, und zwei schnatternde aufgeregte Kinder beruhigen, das mußte sie auch.

3

Als wir nach drei Wochen endlich in England ankamen, wurde meine Mutter lange von der Hafenpolizei in Liverpool verhört. Sie mußte alle Fragen ganz geduldig beantworten: wohin sie wolle, wo unser Vater sei, ob wir eine Wohnung hätten, wovon wir leben wollten. Wir Kinder standen eng an sie gepreßt. Es war Nacht, und wir waren todmüde. Außerdem hatte ich Angst vor den hohen Helmen der Polizisten.

Nach einer Stunde ließen sie uns gehen, und als wir ein Hotelzimmer gefunden hatten, fielen wir ins Bett. Da begannen die Warnsirenen zu heulen, Mutter mußte uns wachrütteln, wir suchten Schutz im Keller. Ich erlebte das erste Mal einen Luftangriff faschistischer Flugzeuge. Wie gut, daß wir nicht draußen auf dem Meer überrascht worden waren. Manchmal träume ich heute noch von Flugzeugen, die so niedrig fliegen, und ich kann nicht weglaufen.

Am nächsten Tag fuhren wir durch England weiter nach Oxford. Dorthin waren die Großeltern aus London evakuiert, und Mutter hoffte, in ihrer Nähe eine kleine Wohnung zu finden. Im Zug nach Oxford vergaßen wir die traurige Ankunft und die Angst. In unserem Abteil saß ein englischer Soldat, und obwohl wir kein Wort Englisch konnten, verstanden wir uns prima. Mir setzte er seine Mütze auf und formte aus meiner Knete die schönsten Figuren. Mit meinem Bruder spielte er Karten und sang uns Lieder vor. Der Höhepunkt war, als er seine Jacke auszog und wir die herrlichsten

Tätowierungen entdeckten. Meine Mutter war froh, daß er all die peinlichen Fragen nicht verstand, die ich über eine große nackte Frau auf seiner Brust stellte. Als ich dann mit Tintenstift eine wunderschöne Blume auf den Arm gemalt bekam – da war mein Glück vollkommen. Leider reichte das Glück nur bis zum Abend, denn da ging es in die Badewanne bei den Großeltern. Das heißt, sie hatten nur ein Zimmer zur Untermiete in Oxford, und die Wanne gehörte der Wirtin.

Als ich bei meiner Großmutter auf dem Schoß saß, fiel mein Blick auf die eine Wand, und ich wurde ganz verwirrt. Dort hing ich – mein Bild. Großmutter war Malerin, und obwohl sie nie berühmt wurde, war sie eine echte Künstlerin. Aber wie kam ich an diese Wand? Sie hatte mich vor zwei Stunden als Vierjährige das erste Mal gesehen.

Ich sagte schon, meine Mutter beschrieb in ihren Briefen unser Aussehen und unsere Eigenschaften ganz genau. Oft legte sie Fotos bei und zitierte Aussprüche von uns.

Ein Künstler malt eigentlich nicht nach Fotos. Aber vielleicht, weil Großmutter mich durch die Briefe ganz deutlich vor sich sah und auch solche Sehnsucht nach uns hatte, war das Bild so echt geworden.

Heute hängt es in meinem Zimmer, und wenn meine kleine dreijährige Enkeltochter auch vier Jahre alt ist, werde ich ihr die Geschichte von dem Bild und der Ururgroßmutter erzählen.

In Oxford war es unmöglich, eine Wohnung zu bekommen. So viele Häuser waren in London zerstört worden, daß die Menschen in anderen Städten Zuflucht gesucht hatten und alles überfüllt war. Meine Mutter fand endlich ein Zimmer zur Untermiete, die Wirtin erlaubte aber keine Kinder dort, nicht einmal zu Besuch. Wir mußten uns trennen und kamen wieder in ein

in der neuen Heimat

Kinderheim. Das war besonders schwer für uns wegen der fremden Sprache. Die ersten Wörter, die ich mit vier Jahren in diesem Land lernte, waren «stop it» und «go away» – «laß das» und «geh weg». Für Mutter war es auch sehr schmerzhaft, aber sie durfte nicht nur an die eigenen Kinder denken.

Im Sommer überfielen die deutschen Faschisten die Sowjetunion. Diese Nachricht erschütterte Mutter und Tausende Genossen ganz besonders. Da wollte sie nun schnell Funkverbindung zur sowjetischen Armee aufnehmen. Meine Mutter baute so rasch wie möglich ein neues Sendegerät zusammen. Diesmal mußte sie mit der

Lage und dem Versteck noch vorsichtiger sein, denn im Krieg waren Amateursender streng verboten, und die Engländer hatten sehr gute Anpeilgeräte.

Erst nach Monaten bekamen wir eine eigene Wohnung. Wir mußten aber sehr viel dafür bezahlen, weil eine Dame sie uns privat möbliert vermietet hatte. Alle paar Wochen kam sie vorbei und schimpfte, wenn sie irgendwo einen Fleck entdeckte.

An diese Zeit erinnere ich mich genau. Ich lernte schnell Englisch und besuchte, wie die anderen Kinder in England auch, mit fünf Jahren die Schule. In England gibt es eine einheitliche Schulkleidung. Jede Schule hat dabei ihre eigenen Farben. Die Jungen – die armen – müssen Schlipse und Käppis tragen und die Mädchen Hüte oder Baskenmützen. Einmal vergaß ich, meinen Hut aufzusetzen. Ich schlich mich am Fenster des Direktors vorbei, aber umsonst. Sofort wurde ich hereingerufen und getadelt.

Als ich in der 1. Klasse war, fand ein Wettbewerb in der Schule statt. Jeder Schüler sollte Geschenke für die Soldaten an der Front mitbringen. Unsere Mütter strickten alle eifrig Socken und Handschuhe, und am Tage der Übergabe standen wir in Reih und Glied in der großen Aula. Als ich aufgerufen wurde und vortrat, um meine Geschenke zu übergeben, entdeckte die Schuldirektorin mein neues blaukariertes Schulkleid mit dem weißen Kragen. Ich mußte mich drehen und wenden, sie sagte: «How sweet, how lovely!», «Wie süß, wie entzückend», und alle sahen mich an. Ich mochte aber nicht im Mittelpunkt stehen, und das war für mich so schlimm, daß ich es nie vergessen habe.

Einen anderen Kummer hatte ich als Sechsjährige. Alle Engländerinnen trugen Hüte, nur meine Mutter nicht. Deshalb schloß ich einen Vertrag mit ihr. Falls wir uns auf der Straße begegnen, während ich mit Freundinnen spiele, sollte sie mich nicht grüßen oder gar zu ihrer Tochter kommen und ein Gespräch anfangen. Wir wollten so tun, als ob wir uns nicht kennen. Ich glaube, Kinder wollen immer alles wie die anderen Kinder haben, ihre Mütter sollen genau wie andere Mütter sein.

Mutti – schwarzes Haar, schwarze Augen
und immer vergnügt
England 1942

Meine begriff das schließlich und kaufte sich seufzend eine Kopfbedeckung. Zu ihr paßte aber gar kein Hut, denn sie sah mehr wie eine Zigeunerin aus mit ihrem dichten schwarzen Haar und ihren dunklen Augen. Sie hatte auch das Temperament einer Zigeunerin mit ihrer Lustigkeit und ihren flinken Beinen. Aber sie konnte auch sehr vornehm tun, so wie eine englische Lady. Das mußte sie auch, damit niemand auf die Idee kam, daß sie Kommunistin war. Zum Glück zogen wir später aufs Land, wo Hüte bei der Arbeit gehindert hätten, da war mir Mutter so wieder recht.

Zu dieser Zeit, 1942, erfolgten über England beinahe jede Nacht Bombenangriffe. Alle Wohnungen wurden verdunkelt, riesige Scheinwerfer suchten den Himmel nach feindlichen Flugzeugen ab, und die Sirenen gingen nachts alle paar Stunden. Obwohl London schon furchtbar zerstört war und immer wieder von Luftangriffen heimgesucht wurde, fanden die Treffs mit den Genossen weiterhin dort statt. Es gehörte viel Mut dazu, wenn meine Mutter nachts durch die stockdunklen Straßen tappte. Keine Laterne brannte, kein Lichtschein fiel aus einem verdunkelten Fenster, und kam ein Luftangriff, konnte sie keinen Luftschutzkeller aufsuchen. An einer bestimmten Ecke wartete ja der Genosse auf sie, dem sie militärische Nachrichten zu übergeben hatte und der ihr Aufträge gab. Trotz allem freute sie sich auf ihn, denn er war ja ein Kommunist aus der Sowjetunion und deshalb ihr guter Freund.

Im Leben passieren manchmal Sachen, wie man sie gar nicht erfinden kann. Vierzig Jahre ist es her, daß Mutter ihn damals während des Krieges in den Straßen von London getroffen hat. Sie wußte kaum, wie er aussah, denn nach fünf Minuten mußten sie sich trennen, und sie durfte nie mehr als notwendig fragen. Dabei hätte sie bestimmt gerne gewußt, wie er in diesem fremden Land, weit weg von der Heimat, zurechtkommt; ob er Frau und Kinder hat und wo sie in der Sowjetunion leben. Jetzt hat er die Adresse meiner Mutter herausgefunden und ihr geschrieben – nach vierzig Jahren. Sie hat sich so gefreut und gleich geantwortet. Nun haben sie beide viel Zeit, all ihre Fragen zu stellen.

Damals im Krieg schrieb sie an meinen Vater, daß ich nach einem Bombenangriff jammerte: «Mutti, wie das Haus wackelt, und der schreckliche Lärm unterm Bett, in den Mauern, in meinen Ohren!»

Seitdem ich das miterlebt hatte, bekam ich furchtbare Angst vor dem Tod meiner Mutter, und immer wieder mußte ich getröstet werden, daß sie erst sterben würde, wenn ich erwachsen bin. Alles, worauf ich mich freute, alles, was ich mir wünschte, begann mit den Worten: «Wenn der Krieg zu Ende ist, dann esse ich jeden Tag ein Ei, dann fliegen die Flugzeuge so hoch, daß ich sie nicht mehr hören kann.»

Aber so ging es bestimmt nicht nur mir, sondern auch den Kindern in Frankreich, England, der Sowjetunion und auch in Hitlerdeutschland.

Ich glaube, wenn alle Menschen auf der Welt an die Kinder dächten, dann gäbe es keinen Krieg mehr, und auch kein Kind müßte hungern. Überall, wo ein Mensch, wie damals Hitler, davon spricht, daß ein Krieg nötig ist, sollten die vernünftigen Menschen aufpassen. Sie sollten so aufpassen, daß er das nicht zweimal sagt.

In meiner Kindheit gab es noch kein Fernsehen, und wegen der Stromsperren konnte man kaum Radio hören. Dafür erfand mein Bruder abends im Bett die spannendsten Geschichten für mich von einem Männlein, das die grauslichsten Dinge erlebte. Auf einer Bergspitze würde es aufgespießt hängen, es hätte eine Taschenlampe im Bauch und könnte alle meine Dummheiten sehen. Als ob es nicht genug wirkliche Dinge zum Fürchten gäbe, schimpfte meine Mutter, und sie sagte immer wieder, ich solle den Unsinn nicht glauben. Es nutzte nichts, er erzählte so überzeugend, daß ich zitterte, jammerte und jedesmal in Tränen ausbrach. Schließlich verbot meine Mutter die Geschichten, und ich hätte froh sein können – aber nein. Ich flehte meinen Bruder an, sie mir heimlich weiterzuerzählen. Weinte ich wieder los, schüttete er sich vor Lachen aus. Als er sagte, ich sei das dümmste Kind, das ihm je begegnet sei, obwohl ich so schön aussehe, da weinte ich noch mehr. Aber wollte mich irgend jemand ärgern, dann verteidigte er mich immer, auch wenn der andere viel größer und stärker war.

Vater war es, nachdem Mutter mehrere Anträge gestellt hatte, endlich nach 20 Monaten gelungen, in seine Heimat zurückzukehren, und ich sah ihn in Uniform wieder. Er war ja Engländer und kämpfte nun als Soldat der englischen Armee gegen die Faschisten. Er war mir fremd, und ich wurde so scheu, daß ich mich stundenlang vor ihm versteckte. Ich merkte meiner Mutter an, wie glücklich sie war, und das machte mich eifersüchtig. Kein Wort redete ich mit ihm und beantwortete keine Fragen. Er liebte uns Kinder, als ob wir seine eigenen wären, und bestimmt hat ihn meine Verstocktheit gekränkt.

Als er wieder bei uns wohnte und meine Mutter zu ihren Treffs fuhr, da sorgte Vater ganz gewissenhaft und liebevoll für uns. Ich weiß noch, wie wir gemeinsam eine große Überraschung für Mutter vorbereiteten. Sie besaß ein altgekauftes klappriges Fahrrad; Vater sagte, es sei lebensgefährlich, das könne er nicht mehr mit ansehen.

Als Mutter wieder einmal verreist war, uns erzählte sie, zu den Großeltern, da hatte er ein neues Fahrrad für sie gekauft. Mischa wußte schon längst von dem Plan, aber ich erfuhr es erst kurz davor. Das hatte seinen guten Grund. Ich konnte kein Geheimnis für mich behalten, es mußte einfach heraus. Jedes Jahr nahm ich mir zum Beispiel felsenfest vor, meine Weihnachtsgeschenke nicht vorher zu verraten. Es klappte nie. Ich bewunderte andere, weil sie schweigen konnten und sich nicht verplapperten. Mir gelang es nicht.

Während des Krieges hatte jede Wohnung eine Art Bunker mit ungefähr 6 cm dicker Eisendecke als Schutz gegen die Bomben erhalten, er war fast so groß wie ein Zimmer. Kamen die deutschen Flugzeuge, kletterten die Familien in ihre Schutzkäfige. Am Tag von Mutters Rückkehr stand ein neues Fahrrad Marke Raleigh auf dem Bunker. Den Lenker, die Räder und den Sattel hatten wir mit Fähnchen vollgesteckt. Ringsherum brannten Kerzen, und all unsere Taschenlampen strahlten das Geschenk an. Wir besaßen viele wegen der Stromsperren. Es klingelte, jeder wollte die Tür aufmachen. Wir waren so gespannt auf Mutters Gesicht. Sie mußte die Augen schließen, bis sie im Zimmer war. Wir klatschten in die Hände, und ich weiß noch, wie fröhlich sie lachte und wie sie uns alle umarmte.

Was wir Kinder damals nicht wußten, war, daß sie auf dem Rad zu den illegalen Treffs fuhr, wenn sie in der Nähe lagen. In der Nähe – das war für sie auch noch eine 50-Kilometer-Entfernung.

. . .

Vater mochte Kinder genauso gern wie meine Mutter, und weil sich beide liebhatten und noch jung genug waren, wünschten sie sich auch ein gemeinsames Kind. Aber in den Kriegsjahren sah die Welt so traurig aus. Fast ganz Europa war von den Faschisten besetzt, England wurde immer stärker bombardiert. Die Rote Armee kämpfte um jedes Dorf, um jede Stadt in ihrer Heimat, und die Zahl der Toten, darunter viele Kinder, stieg jeden Tag. In solch eine Welt konnte doch kein Kind geboren werden, und deshalb mußten meine Eltern und viele junge Paare vorerst darauf verzichten.

Als jedoch die Rote Armee mit der Einkreisung von Stalingrad begann, war das die große Hoffnung aller Antifaschisten; und der Sieg bei Stalingrad bedeutete wenige Wochen später den Wendepunkt in der Geschichte des Zweiten Weltkrieges.

Bald konnte ich mich auf ein neues Familienmitglied freuen, und wie alle kleinen Mädchen träumte ich davon,

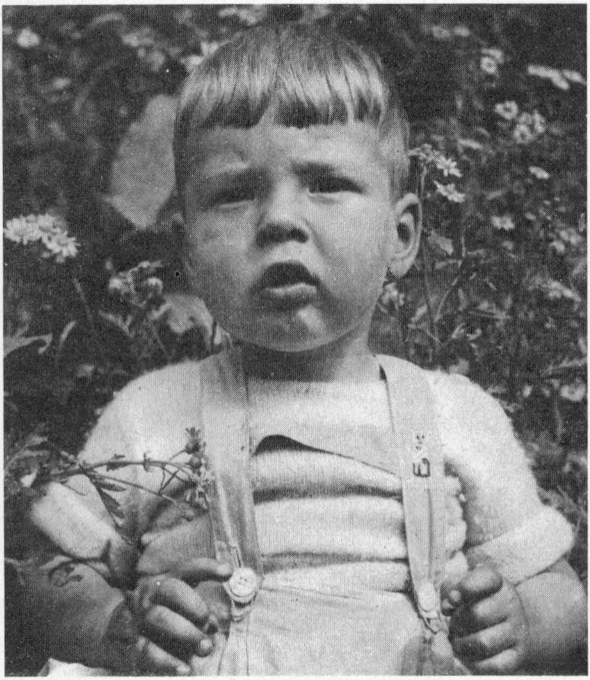

Mein Bruder Peter im Mai 1945, zwanzig Monate alt
... und auf so etwas war ich eifersüchtig

es auszufahren, süß anzuziehen, die liebe große Schwester zu spielen. Aber als der kleine Junge da war, kam alles anders. Natürlich mußten sich alle um ihn kümmern, er war ja auch so winzig und zart, aber ich wurde furchtbar eifersüchtig. Plötzlich wollte ich mit sieben Jahren auch die Flasche haben, ich konnte angeblich nicht mehr laufen und wollte auch getragen werden. Als er krabbeln konnte und alle ihn bewunderten, krabbelte ich auch. Sogar die Babysprache erlernte ich wieder. Aber wenn ich ganz allein mit ihm war, dann liebte ich ihn sehr und streichelte ihn immerfort.

Bevor Peter geboren wurde, hatte Mutter einen alten schwarzen Kinderwagen mit großen Rädern gekauft. Im Krieg gab es wenig neue Sachen. Wir schrubbten ihn und putzten die Räder blank. Sie sah ihn von allen Seiten an und sagte: «Er sieht so traurig aus.» Als ich am nächsten Tag aus der Schule kam, saß sie im Hof auf einem Schemel mit kleinen Farbtöpfen um sich herum und malte lauter bunte Bälle auf den schwarzen Hintergrund. Solch einen Kinderwagen hatte ich noch nie gesehen, und obwohl er lustig aussah, schwor ich mir, keinen Schritt damit auf die Straße zu gehen. (Später tat ich es dann doch.)

Mutter ist ihr Leben lang so geblieben, und heute sagen die Enkel manchmal: «Omi wird nie erwachsen.» Als sie siebzig wurde, überredeten wir sie, sich neue Küchenmöbel anzuschaffen; die alten seien gar zu schäbig. Wir kauften sie gemeinsam, und als Mutter aus dem Urlaub zurückkam, hatten wir ihr die Küche wunderschön eingerichtet. Sie war dankbar und gerührt, sagte aber nach einer Weile: «Die Möbel sind ein bißchen eintönig, so sanitär wie in einem Arztzimmer.» Wir ahnten, irgendwas würde passieren.

Als wir sie eine Woche später besuchten, stand sie mit Kleistertopf und Schere in der Küche und lächelte uns verlegen an. Aus einem Buch mit Abbildungen russischer Volkskunst hatte sie die schönsten herausgeschnitten, und auf sämtlichen Möbeltüren klebten bunte Lackschalen, Teller, Teekannen, Schüsseln und Vasen. Als Vater die

Küche betrat, sah er sich um, seufzte und sagte: «Mutter und ihre bunten Bälle – aber eins versprich mir, mein Auto läßt du in Ruhe.»

Doch zurück zur Zeit, als Peter noch im Kinderwagen saß und das Allerwichtigste – nicht nur für uns, sondern für die ganze Welt – geschah: Im Mai 1945 wurden die deutschen Faschisten besiegt; der Krieg war zu Ende. Große Freude herrschte im Land, in der Schule und in unserer Straße. Obwohl es Fett, Mehl und Süßigkeiten nur auf Lebensmittelkarten gab und jeder nur 1 Ei pro Woche erhielt, spendeten alle für die Siegesfeier. Es wurden Kekse gebacken und Limonade gekauft. Die Kinder unserer Straße saßen draußen an langen Tafeln. Mein kleiner Bruder trug einen weißen Pullover, und meine Mutter hatte ihm um Hals und Ärmchen Schleifen in den Farben der englischen Fahne gebunden. Er war Engländer, weil er in Oxford zur Welt gekommen war. Ich ärgerte mich so sehr, daß ich keine langen Zöpfe hatte. Bei mir hätten die Schleifen viel schöner ausgesehen. Wir Kinder sangen und tanzten. Alle freuten sich auf eine Zukunft ohne Bomben und Krieg, auf einen Frieden für immer. Die Sehnsucht danach war so groß, daß sich keiner vorstellen konnte, daß bald amerikanische Soldaten in Korea und Vietnam einfallen würden.

. . .

Als ich zehn Jahre alt war, erzählte meine Mutter von einem alten Bauernhaus mit einem großen Garten. Bald würden wir dort hinziehen. Es gäbe keine Elektrizität, und der Bus führe nur einmal täglich in die nächste Stadt, aber die Umgebung wäre wunderschön, und vor allen Dingen die Miete billig. Meine Mutter fuhr voraus, um alles einzurichten. Als ich mit der Nachbarin nachkam und Mutter gerade einkaufen war, zeigte sie mir schon die Räume, und ich staunte über die 250 Jahre

Mutti mit uns drei Geschwistern England 1945

alten Holzbalken. Ich weiß noch, wie enttäuscht Mutter war, als sie zurückkam, mir voller Stolz alles zeigen wollte und ich das Haus schon kannte. Das tat mir so leid, und ich fühlte mich zum ersten Mal ein bißchen erwachsen, weil ich mir dachte, sie wollte mir alles wie einer Freundin zeigen.

Ich liebte das Leben auf dem Lande sehr. Zur Schule in der nächstgelegenen Stadt fuhr ich im Winter mit dem Bus, im Sommer mit dem Fahrrad. Die Landschaft war ringsum hügelig, und am liebsten fuhr ich mit dem Rad, wenn es ganz windig war. Ich liebte den Wind und fühlte mich dann immer so frei und froh.

Die neue Schuluniform war grün; hellgrüne Bluse, dunkelgrüner Rock, Schlips und Gürtel grüngelb gestreift. Die Baskenmütze hatte vorn das Emblem der Schule aufgestickt. Im Winter trugen wir noch einen Blazer in Dunkelgrün. Die Jungen trugen kurze Hosen und gestreifte Kniestrümpfe. Diese Uniformpflicht besteht noch heute in den englischen Schulen. Ich war so traurig, weil das Geld nie für eine neue Schulkleidung reichte. Bis auf das blaukarierte Kleid damals bekam ich immer getragene Sachen, und ich begriff nicht, warum. Später erzählte mir Mutter, daß die Sowjetunion natürlich für ihre Kundschafter gesorgt hat. Aber im Krieg und auch danach war es sehr schwierig, Geld umzutauschen und nach England zu bringen. Manchmal blieb es ganz aus. Mutter verdiente dann etwas dazu, indem sie ein Zimmer vermietete oder einem Jungen Deutschstunden gab. Er war aus meiner Schule, und ich ärgerte mich, daß sie solch einen häßlichen Schüler ausgesucht hatte.

Meine Lieblingsfächer waren Sport, englische Literatur und Religionsunterricht. In Mathematik war ich schlecht. Religionsunterricht war Pflicht an den Schulen, die Lehrer beteten mit uns, und wir lasen in der Bibel. Aber ich kann mich an keine Schulstunde erinnern, wo über den Krieg und seine Folgen gesprochen wurde. Kein Lehrer erzählte uns von den Konzentrationslagern, von den vergasten jüdischen Kindern oder von dem tapferen sowjetischen Volk und seinen Millionen Toten. Meine Mutter hätte bestimmt gern mit mir über alle diese Dinge gesprochen, denn eine Zwölfjährige begreift und versteht viel. Aber sie arbeitete immer noch als Kundschafter. Man könnte denken, nun im Frieden sei das nicht mehr nötig gewesen. Aber die Staatsmänner Englands und Amerikas hatten nichts aus dem Krieg gelernt. Es war, als ob alle Opfer und Schrecken vergessen waren. Die erste Atombombe der USA fiel in Hiroshima, und die Sowjetunion wurde als Feind angesehen. Da gab es genug ernste Dinge für Mutter zu melden. Ihre Arbeit war auch immer noch streng geheim. Sie mußte alles vermeiden, was Aufsehen erregen könnte. Ich war sehr aufmerksam und neugierig und hätte wahrscheinlich alle Gespräche mit meinen Eltern den

Nachbarn, in der Schule, meinen Freundinnen wiedererzählt. Das hätte meiner Mutter gefährlich werden können. Es schmerzte sie aber sehr, uns Kinder nicht so fortschrittlich erziehen zu können, wie sie es gern wollte.

Obwohl unser Dorf erst ein Jahr nach Kriegsende Strom erhielt und wir kein Fernsehen hatten, war unser Leben nie langweilig. Mutter hielt Hühner und kaufte ein Ferkel, ein ganz kleines, das sie großziehen wollte, um uns besser zu ernähren. Wir nannten es Judith, und es war rosig und niedlich. Ich glaube, mein Bruder Mischa hat den Namen ausgesucht, weil er für ein Mädchen schwärmte, das so hieß. Am Sonntag brachten wir unseren Pudding zu Judith, damit sie auch eine Freude hatte, bis Mutter sagte, das ginge zu weit. Nur über eins wunderten wir uns. Ein alter Farmer hatte dazu geraten, ihr täglich einen Eßlöffel von unserem abscheulich schmeckenden Lebertran zu geben, damit sie schneller wüchse und wie wir gesund bliebe. Sie schmatzte dabei vor Vergnügen, wir aber quälten uns mit dieser furchtbaren Medizin ab, die aus Fischleber gewonnen wird und ganz tranig schmeckt.

Ich hatte auch viel mit meinen eigenen Tieren – Mäusen, Kaninchen und Katzen – zu tun, ich liebte sie alle sehr und pflegte sie gewissenhaft. Eines Tages fand ich mein Mäusepaar tot vor. Ich rannte zu meiner Mutter und weinte. Das Weibchen sollte Kleine bekommen, und ich streichelte manchmal ganz vorsichtig ihren Bauch und hatte mich so sehr auf die kleine Familie gefreut.

Aber Penny, unsere schwarzweiße Katze, war ja auch noch da. Wir waren sehr gespannt, als sie das erste Mal Junge bekommen sollte, und noch aufgeregter, als sie kurz davor verschwand. Das ganze Haus suchten wir ab, alle Nischen, Ecken, Schränke, wir guckten unter Sessel und Betten. Abends vor dem Einschlafen überlegten

Peter und ich die unmöglichsten Verstecke, und am Tage suchten wir weiter, bis ich zufällig unseren alten Sonntagsbesteckkasten aufmachte. Da lag Penny in einer Stoffkuhle zwischen Messern, Gabeln und Löffeln mit ihren fünf kleinen Pennys. Es sah so drollig aus, wie die schwarzen Pfötchen und Schwänzchen überall verstreut zwischen den Bestecken hervorlugten. Penny tat uns beinahe leid in solch einem unbequemen Bett, und Mutter fand den Geburtsort «unhygienisch». Aber der Katzenmutter muß er gefallen haben, denn das nächste Mal brauchten wir unsere Penny nicht lange zu suchen.

Zum Wochenende unternahmen wir oft lange gemeinsame Radtouren. Das heißt, mein Vater war noch bei der Armee, obwohl schon Frieden war. Er gehörte zu den englischen Besatzungstruppen in Deutschland und kam selten zu Besuch. Da mußte Mutter mit uns allein fahren. Wir verstauten Picknickkörbe und Decken und manchmal sogar heimlich Penny. An diese Ausflüge denke ich gerne, weil die Hügellandschaft, der «Cotswolds», so sanft und freundlich war und zu unserer Fröhlichkeit paßte. Aber damals träumte ich davon, mal richtig weit weg zu fahren.

In den Nachkriegsjahren war an einen Urlaub mit der ganzen Familie nicht zu denken. Hotelzimmer und das Essen in den Gaststätten waren viel zu teuer. Aber jedes Jahr durfte ich in der Vorweihnachtszeit die Großeltern in London besuchen. Der Höhepunkt war immer die Aufführung eines Märchens als Pantomime – Cinderella, Aschenbrödel oder Snow white, Schneewittchen. Jedesmal träumte ich danach noch lange von der Heldin und weinte, weil ich kurze Haare hatte. Ich steckte mir lange Bänder an und flocht sie wie Zöpfe. Es nutzte auch nichts, wenn alle Erwachsenen mir sagten, ich sähe hundertmal besser aus mit kurzen Haaren, ich wollte eben hundertmal lieber langes wehendes Haar haben.

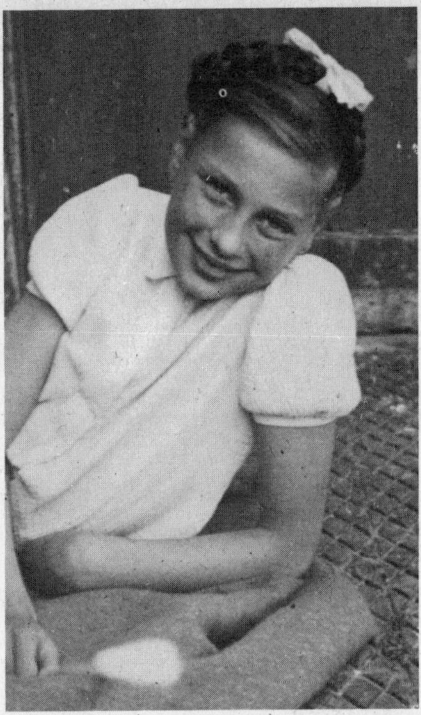

Mein sehnlichster Wunsch ist in Erfüllung gegangen – ich habe Zöpfe
1947 11 Jahre alt

Vielleicht sollten die Eltern manchmal im Geschmack den Kindern nachgeben, wenn sie sich etwas so brennend wünschen, auch wenn es Mutter oder Vater nicht so gefällt. Ich erreichte es jedenfalls – ein Jahr später trug ich kleine Zöpfe.

Die Großeltern waren auch oft bei uns zu Besuch. Ich hab sie immer als ganz lieb und zärtlich miteinander und liebevoll zu uns in Erinnerung. Ich wußte gar nicht, daß Großvater ein Professor und bekannter Wissenschaftler war. Einmal kam ich nach Hause, und da saß er allein im Liegestuhl im Garten. Ich hüpfte mit meiner Schultasche über den Hof, und dann sah ich sein Gesicht. Er lächelte mich so traurig und hilflos an. Ich wußte sofort, daß etwas passiert war. Mutter nahm mich beiseite, hielt meine Hände fest und sagte, Großmutter sei gestorben. Sie hätte keine Schmerzen gehabt und sei einfach eingeschlafen. Ich war furchtbar erschrocken. Ich begriff die Worte nicht, dann fiel ich in ihre Arme und schluchzte. Der Tod war für mich unbegreiflich, trotz des schlimmen Krieges.

. . .

Als meine Mutter ein halbes Jahr später ein billiges Zimmer an der See fand, konnten wir das erste Mal gemeinsam Urlaub machen. Wochen vorher sprachen wir Kinder davon, und ich stellte hundert Fragen über den Ablauf der Reise. Wir wohnten in Wales bei einem Mann von der Müllabfuhr, aber er sah anders aus, als man sich Menschen mit solchem Beruf vorstellt. Er war ganz klein und schmal, und wir überlegten, wie er die schweren Mülltonnen bewegen konnte. Dabei sang er abends oft noch fröhliche Lieder. Manchmal sang seine Frau mit. Es klang wunderschön, aber wir verstanden kein Wort.

Wales ist zwar ein Teil von England, dort wohnt aber ein Volk mit eigener Sprache, eigenen Sitten und Gebräuchen – ähnlich wie bei uns die Sorben. Aber die walisische Sprache ist der reinste Zungenbrecher. Wir konnten von Glück sagen, daß der Ort, in dem wir wohnten, Criccieth hieß. Manche Namen der Städte und Dörfer haben über 50 Buchstaben, zum Beispiel *Llanfairpwllgwyngyllgogerychwyrndrobwllllantysiliogogogoch.*

Wales besitzt eine lange hüglige Küste mit vielen alten Burgen. Unser Zimmer hatte keinen Blick zur See, dafür sahen wir direkt auf solch eine alte Burgruine. Sie war so nah, daß wir die Schafe an den Hängen zählen konnten. Abends gab es immer mit Mutter einen Kampf, weil wir erst ins Bett wollten, wenn das letzte Schaf hinter dem Hügel verschwunden war.

Einmal lud mich eine Schulfreundin zur Autofahrt entlang der Küste ein. Wir trafen sie und ihre Eltern zufällig vor ihrem Hotel. Ich war beeindruckt von dem Reichtum, in dem sie lebten. Diese Fahrt von Burg zu Burg war wunderschön, und ich erinnere mich, wie traurig ich war, daß meine Mutter nicht dabei war. Als wir nach Hause kamen, erzählten ihre Eltern, daß ich immerzu gerufen hätte: «Wenn Mutti das bloß sehen könnte!» Da sah mich Mutter ganz zärtlich an.

So ist das heute noch bei mir. Schöne Dinge will ich nie allein erleben. Immer muß jemand, den ich liebe, dabeisein. Aber wehe, wenn ich traurig bin oder großen Kummer habe. Dann bin ich kratzbürstig und will ganz alleine sein. Neulich, an solch einem Kummertag, da las mir meine Mutter ein paar Zeilen aus einem alten Brief an die Großmutter vor: «Unsere Nina, vier Jahre alt, hat heute großen Kummer. Wollen wir sie trösten, sagt sie: Ich will die Augen schließen, euch nicht sehen und hören. Will ganz alleine sein. Da sitzt nun unsere Nina mit geschlossenen Augen brütend da, und die ganze

Familie muß, ihrem Befehl gehorchend, auf Zehenspitzen umherschleichen.»

Da mußte ich laut lachen, weil ich mich gar nicht verändert hatte.

Die See zwischen Wales und Irland ist durch Ebbe und Flut sehr interessant. Bei Ebbe wanderten wir weit hinaus und suchten Steine, Seesterne, Quallen und im nassen Sand Krebse. Abends im Bett erzählten wir uns dann Geschichten von der zurückkommenden Flut. Wir malten uns aus, wie wir mitten im Meer auf einem Stein sitzen und unsere Eltern uns suchen. War das Wetter schlecht, knieten wir im Zimmer auf dem Fußboden und bauten an einem riesigen Puzzlespiel. Zum Kaufen waren sie zu teuer, aber man konnte diese Spiele in der Bibliothek ausleihen. Wir suchten die größten Bilder aus, oft paßten sie nicht einmal auf den Tisch. Mein kleiner Bruder Peter war erst vier Jahre alt, aber auch er half schon mit. Die Eltern wußten nicht, wo sie hintreten sollten. Mein Vater war inzwischen auf Urlaub gekommen. Er hatte sich ein altes Motorrad gekauft und uns an der See mit seinem Besuch überrascht.

Das schönste Erlebnis für mich war unser Bummel durch Butlins Holiday Camp. Herr Butlin war Millionär. In den schönsten Ferienorten Englands hatte er Land aufgekauft und ganz dicht beieinander kleine Bungalows gebaut, die er vermietete. Auf engstem Raum verlebten Familien dort ihren Urlaub. Den ganzen Tag spielte ein Lautsprecher, jeden Abend gab es Tanzveranstaltungen, liefen die Karussells, schwangen die Luftschaukeln auf und ab. Der Glanzpunkt war die Wahl der schönsten Urlauberin. Schöne Beine und ein hübsches Gesicht – mehr war nicht gefragt.

Seit diesem Besuch hatte ich neue Träume – ich wollte so gern Herrn Butlin heiraten, ganz reich sein und jedes Jahr meinen Urlaub in solch einem Feriencamp verbringen. Ich glaube aber, meinen Eltern hatte der eine Tag gereicht.

In dieser Zeit wurde ich fromm und betete zum lieben Gott um die Erfüllung meiner Wünsche. Im Urlaub fand oft ein Gottesdienst am Strand statt. Ich half dem Pfarrer, ein Kreuz aus Muscheln und Steinen im Sand zu legen. Bei der Predigt saß ich in der ersten Reihe, hörte zu und glaubte ihm jedes Wort. Einmal sagte uns der Pfarrer, wer bereit sei, Gott sein Herz zu schenken, könne nachmittags zu ihm in die Kirche kommen. Ich war dazu bereit und stand lange vor der großen Kirchentür. Ich wollte und wollte eintreten, aber mein Herz klopfte so laut, und der Weg zum Altar war so lang und weit. Außerdem war ich das einzige Kind. Da kehrte ich um, aber ich war sehr unglücklich, ich wollte so gern etwas Schönes und Gutes tun.

Meine Mutter hörte sich meinen Kummer an und lachte mich nicht aus, obwohl es bestimmt manchmal zum Lachen war. Sie erklärte mir, ich hätte recht, wenn ich etwas Schönes und Gutes tun wollte. Zum Altar brauchte ich aber dazu nicht zu gehen. Ich solle es im täglichen Leben den anderen Menschen gegenüber tun. Und ob Herr Butlin ein gutes Herz habe, sei auch sehr fraglich.

Aber ich schwärmte weiter von ihm. Die Familie konnte es schon gar nicht mehr mit anhören, bis der fünfjährige Peter sagte: «Du kannst froh sein, wenn du einen Lumpensammler zum Mann kriegst.» Mutter verschluckte sich vor Lachen, Mischa auch, aber ich rannte fort und heulte.

Ich war auch traurig, weil ich nicht so rasch denken konnte wie meine Brüder. Die hatten immer eine Antwort oder einen Witz parat, sogar der kleine Peter. Dann lachten sie mit meiner Mutter, und ich lachte immer zu spät, weil ich den Witz nicht verstanden hatte und nur so tat. Als meine Mutter das merkte, trat sie mir jedesmal auf den Fuß, damit ich zur Zeit lachte.

Wir Kinder mußten täglich im Haushalt und im Garten helfen, dabei kamen wir erst um vier Uhr aus der Schule. In England ist das so. Aber dafür hat man auch keine Schularbeiten auf. Manchmal schlief meine Mutter um diese Zeit. Das taten andere Mütter im Dorf nicht, und ich dachte: *Mich* schickt sie Unkraut jäten, und *sie* will schlafen. Wir wußten ja nicht, daß sie nachts oft überhaupt nicht oder nur zwei Stunden schlief. Sie mußte nicht nur den Sender bedienen und Funksprüche aus der Sowjetunion aufnehmen; die Funksprüche kamen in Zahlen an, und sie mußte sie gleich nachts nach einem Geheimcode entziffern und das Papier verbrennen.

Ich wollte nicht nur Herrn Butlin heiraten, sondern ich bewunderte und beneidete die Königin und ihre Kinder. Alle ihre Fotos schnitt ich aus den Zeitungen aus und klebte sie in ein großes Buch mit weißen Seiten. Als ich einen Kohlkopf aus dem Garten holen sollte, schrie ich: «Die Prinzessin braucht nie so was aus dem Garten zu holen!» Damals war ich ganz schön trotzig.

. . .

Immer, wenn ich aus der Schule kam und Penny rief, kam sie mir entgegengerannt, und ich stellte ihr eine Schale Milch hin. Einmal rief ich umsonst, Penny kam nicht. Ich nahm das nicht so ernst und ging meiner damaligen Lieblingsbeschäftigung nach. Ich hatte im Garten ein Seil gespannt und übte Hochsprung. Wenn Vater mal auf Urlaub kam, machte er mit, oder er saß im Gras, gab mir Ratschläge und guckte zu. Manchmal erzählte er mir auch Geschichten von großen englischen Sportlern, von ihrem Mut und ihrer Ausdauer, und dabei glänzten seine Augen. Er selbst liebte Sport sehr, und wenn Waldläufe stattfanden, lief er immer mit und war oft Sieger. Erzählte er von einem jungen Mädchen, das eine berühmte Sportlerin wurde und die Welt in Atem hielt, da wollte ich gleich höher und höher springen.

An diesem Tag, als ich allein trainierte, fehlte Penny immer noch. Nachdem wir Abendbrot gegessen hatten und ich wieder umsonst nach ihr rief, wurden wir unruhig. Peter und ich suchten im Garten, in den Scheunen, auf dem Hof und riefen sie. Es wurde immer später; eigentlich hätten wir schon ins Bett gehen müssen, aber ich bettelte und bettelte, bis Mutter mir erlaubte, noch einmal mit dem Rad loszufahren. «Aber nur durch das Dorf», sagte sie. Alle Wege, die Penny kannte, radelte ich entlang, sah unter die Hecken, stöberte in Heuschobern und rief immer wieder ihren Namen. Das Dorf lag schon weit hinter mir, Mutter sorgte sich bestimmt, und ich hätte auch längst umkehren müssen, weil es langsam dunkel wurde. Aber ich konnte einfach ohne Penny nicht zurück und fuhr weiter in den Wald hinein. Dabei hatte ich sonst im Dunkeln Angst; sogar zu Haus im warmen Bett, wenn wir Kinder mal allein waren. Die schlimmsten Geschichten fielen mir dann ein, und ich blieb so lange wach, bis Mutter kam. Aber diesmal fürchtete ich mich nicht, obwohl ich ganz allein im dunklen Wald war. Ich merkte auch nicht, wie gruselig die knorrigen Bäume aussahen und wie unheimlich die Geräusche waren. Ich wollte nur eins – Penny wiederhaben.

Vielleicht ist das im Leben so, wenn man sich um jemand sehr sorgt oder unbedingt etwas erreichen will, dann verschwinden die Ängste. Vielleicht war das bei meiner Mutter in ihrer Arbeit als Kundschafter auch so.

Raschelte es oder huschte ein Schatten vorbei, dachte ich nur, das ist bestimmt Penny, und bei jedem Geräusch hoffte ich auf ein Miau. Dabei fielen mir, wie im warmen Bett, die schlimmsten Geschichten ein, aber ganz andere: daß sie von einem Fuchs angegriffen worden war, in einer Falle festsaß oder sich eine Pfote gebrochen hatte und

Unsere Katze Penny ist wieder da

nicht mehr nach Hause humpeln konnte. «Penny, Penny, Penny!» Ich war schon ganz heiser. Da plötzlich antwortete sie und kam mit großen Sprüngen auf mich zu. Ihr Mäulchen war voller Spinnweben, und sie nieste zweimal. Ich drückte sie an mich, strich Moos, Tannennadeln und Kletten aus ihrem Fell und sprach mit ihr: «Bist du wieder da, warum machst du mir soviel Kummer?»

Ich dachte, Mutter würde schimpfen, es war doch fast Nacht, als ich nach Hause kam. Aber sie sagte nur ganz erleichtert: «Na endlich!» Und Peter wollte es nicht glauben, daß ich es im Dunkeln geschafft hatte, mit Penny im Arm und nur einer Hand an der Lenkstange nach Hause zu rasen. Es stimmte aber, und den ganzen Weg hab ich gesungen.

Mein Vater war nicht nur sehr sportlich, er hatte auch viel Mut. Zum Glück war er da, als die Sache mit meinem kleinen Bruder passierte. Seitdem Peter Schlüssel benutzen konnte, hatte er die schlechte Gewohnheit, sich immerfort irgendwo einzuschließen. Gefährlich wurde es, als er das einmal im Badezimmer tat und das sehr heiße Badewasser lief. Wir gaben ihm Ratschläge durchs Schlüsselloch, wie er den Wasserhahn abzudrehen hat oder was er mit dem Schlüssel tun muß. Er antwortete aber immer nur mit piepsiger Stimme: «Es geht nicht», «it doesn't go.» Das Wasser lief weiter, bald würde die Wanne voll sein und überlaufen. Ich rief ihm zu, er soll den Stöpsel an der Kette herausziehen, aber seine Stimme war noch kleiner, als er «es geht nicht» rief. Vor unserem Badezimmer war eine Veranda mit Glasdach und darüber das Fenster zum Bad. Da mußte Vater mit einer Leiter hoch, anders ging es nicht, und außerdem drängte die Zeit. Ich überlegte, wie er über diese Scheiben laufen wollte. Beim ersten Fußtritt werden sie zersplittern, und er fällt durch die Glasscherben ... Weiter wollte ich nicht denken.

Vater kletterte die Leiter hoch, legte sich bäuchlings auf das schräge Glasdach und zog sich ganz langsam mit den Händen am Holzrahmen hoch, bis er das Fenster endlich erreichte. Peter drückte die Nase an die Fensterscheibe und guckte mit großen Augen zu. Mutter und ich standen unten; ich bewunderte Vater, wie ruhig er blieb. «Peter, geh weg vom Fenster», sagte er, schlug die Scheibe ein und stieg ins Badezimmer. Er war ganz schlank und ist es immer noch.

Mutter hatte mir mal erklärt, daß es Menschen gibt, die einen ganz stillen Mut haben und die, je größer die Gefahr wird, desto besonnener werden, und daß solche Menschen nie darüber reden. Im Leben seien sie auch still und manchmal etwas scheu. Vater ist solch ein Mensch. Als er in Spanien gekämpft hat, mußte er oft Munition unmittelbar an die Frontlinie bringen. Obwohl sein Lkw unter Beschuß stand und die Ladung explodieren konnte, verlor er die ganze Zeit nicht die Nerven. Seine Kameraden staunten, wenn aus einem so zerschossenen Lkw ein lebendiger Mensch herauskletterte.

Mutter war auch als Kundschafter sehr mutig, aber weil sie ein ganz anderer Mensch war, war ihr Mut – die Art ihres Mutes – anders. Sie war viel lebhafter und aufgeschlossener. Nur in einem blieben sich beide gleich – sie prahlten nie mit ihren Taten.

Beide, mein Vater in Spanien und meine Mutter in China, Polen, der Schweiz oder England, liebten das Leben sehr, aber sie hätten ihr Leben dafür gegeben, daß der Faschismus besiegt wird, dafür, daß es Millionen Menschen besser geht. Und zu den Millionen gehörten ja auch wir, ihre drei Kinder, und später unsere Kinder, ihre sechs Enkel, und sogar ein Urenkel.

. . .

In der Nähe unseres Dorfes befand sich ein Lager für deutsche Kriegsgefangene. Solche Lager gab es auch in Frankreich, in den USA und in der Sowjetunion. Die Gefangenen sollten begreifen lernen, wie furchtbar der Faschismus war. Natürlich konnten sie die Toten nicht lebendig machen, aber sie halfen, zerstörte Betriebe und Städte wieder aufzubauen. Auch in der Landwirtschaft wurden sie eingesetzt, und so kamen sie in unser Dorf. Bei uns im Garten gab es auch genug zu tun, deshalb bat meine Mutter zwei junge ehemalige deutsche Soldaten, uns zu helfen. Ich verstand zwar kein Wort Deutsch, merkte aber, wie wichtig es für Mutter war, Menschen aus ihrem Heimatland zu treffen. Sie unterhielt sich mit ihnen über ihre Zukunft, wie Deutschland jetzt aussähe, ob sie aus dem Krieg gelernt hätten. Wenn sie unseren Garten umgruben, saß ich auf der breiten Steinmauer, spielte mit meinen Puppen und sah ihnen zu. Dann begann eine Unterrichtsstunde. Ich übte mit ihnen schwierige englische Wörter, und wir lachten zusammen, wenn sie das «r» in Squirrel – Eichhörnchen– nicht aussprechen konnten. Ob das wohl Nazis gewesen waren, die «Heil Hitler» gerufen hatten und mit ihren Waffen die ganze Welt erobern wollten?

Obwohl meine Mutter so viele Jahre nicht in Deutschland gewesen war, feierten wir das Weihnachtsfest so, wie sie es als Kind in ihrer Heimat erlebt hatte. Wir fanden es auch viel gemütlicher und feierlicher, nicht, wie die Engländer, die Geschenke am 25. Dezember früh in einem Strumpf am Bett zu finden, sondern am 24. abends bei Kerzenschein. Nie durfte Mutter vergessen, unser Pfefferkuchenhaus mit Hänsel und Gretel vor dem Tannenbaum aufzustellen, und richtigen Pfefferkuchen buk sie auch. Wir Kinder halfen beim Kekseausstechen und bastelten alles selbst für den Baum. Die beiden deutschen Gefangenen waren zum ersten Weihnachten im Frieden zu uns eingeladen.

Im Dorf war es Sitte, daß die Männer jedes Jahr mit Glocken von Haus zu Haus zogen, Weihnachtsmelodien vor der Haustür spielten und Geschenke bekamen. Bei uns wurden sie hereingebeten, und sie waren ganz überrascht, die deutschen Gäste zu sehen. Da sagte meine Mutter, wie wichtig und schön der Frieden sei und daß es nie wieder Krieg und Faschismus geben darf. Die Deutschen, die Engländer, der Russe, jedes Land und jeder Mensch müsse sich darum kümmern.

Später habe ich manchmal überlegt, ob sich unsere deutschen Gäste auch jetzt noch an dieses Weihnachten erinnern und was aus ihnen geworden ist.

. . .

In England gibt es kaum strenge Winter, weil der Golfstrom mit seiner warmen Strömung an der Insel vorbeifließt. Aber einmal erlebten wir doch eine Überraschung. Es war wie im Märchen. Die ganze Nacht hatte es gestürmt und geschneit, und als Peter und ich früh aufwachten, war unser Zimmer dunkel. Wir liefen zum Fenster und sahen nichts. Als wir die Treppen hinunterrannten und auf die Straße wollten, ging es nicht. Ein Schneeberg hatte die Haustür und die eine Hälfte des Hauses bis zum Dach zugeweht. Es schien wunderbar, zum ersten Mal eingeschneit zu sein. Aber wir waren mit Mutter allein und mußten uns stundenlang freischippen. Vater war noch bei der Armee, sollte aber entlassen werden. Mischa war wieder in sein Schulinternat zurückgekehrt. Er war sehr intelligent und hatte ein Stipendium gewonnen. Ich wünschte mir so, daß der Schneesturm früher gekommen wäre, dann hätten wir ihn noch länger bei uns gehabt. Er brachte mir doch gerade das Tanzen bei. Nun war unser Dorf von der Stadt abgeschnitten, kein Omnibus, kein Lastwagen und kein Mensch konnte die Schneemassen überwinden. Da gäbe es viel Zeit zum Üben. Aber Mutter hätte wiederum ihren ältesten Sohn für wichtigere Dinge gebrauchen können. Als wir nämlich am nächsten Morgen aufwachten, verdunkelte eine neue, sechs Meter hohe Wehe unser Haus, und der Strom versagte. Ein Glück, daß wir unsere Petroleumlampen aufgehoben hatten, und ein Glück, daß Mutter mehr als sonst wegen Vaters erwarteter Rückkehr zu Weihnachten gebacken hatte. Weil kein Brot im Haus war, durften wir zum Frühstück und Abendbrot Pfefferkuchen essen. Aber komisch, diese Leckerbissen wurden uns viel schneller über als Brot.

Mutter schippte fünf Stunden lang, und sie lobte uns, wie tüchtig wir ihr halfen. Ich grub einen Weg zur Miete, denn Kartoffeln hatten wir genügend. Kaum waren die Schneeberge beseitigt, kam eine eisige Kälte. Abends fror das Wasser im Tank auf dem Boden unseres Hauses ein; wir wußten das nicht, und als wir früh in die Küche kamen, hatten wir die Bescherung.

Unsere Küche war nicht so klein wie die heutigen, sondern ein Riesenraum mit großem Feuerherd, und in der Mitte stand ein Holztisch, an dem zehn Mann hätten essen können. An diesem Morgen hätten zehn Mann hier Schlittschuh laufen können. Das Wasserrohr war geplatzt, die ganze Nacht lief Wasser in die Küche, und der Fußboden war mit einer dicken Eisschicht bedeckt. Mutter rannte auf den Boden, und ich überredete Peter, seine Schlittschuhe anzuschnallen. Als sie uns kreischen und lachen hörte, kam sie herunter, gab Peter einen Klaps und schimpfte mächtig mit mir. Ich glaube, das war ihr doch alles zuviel. Und in dem Moment geschah das Wunder. Es klopfte an der Tür, aber wegen der dicken Eisschicht konnten wir sie nicht aufmachen. Da pfiff jemand die ersten Töne der «Marseillaise», wir rannten zur Haustür vorne, und Mutter fiel Vater in die Arme. Sie lachte und hatte zugleich Tränen in den Augen. Wir führten ihn in die Küche, und als er Peter immer noch auf Schlittschuhen sah und das viele Eis, lachte er, faßte sich gleichzeitig an den Kopf und sagte: «Das schaffen wir schon!» Fünf Minuten später hatte er eine Hacke in der Hand, ein Feuer brannte im Herd, und wir dachten alle dasselbe: Ein Glück, daß Daddy wieder da ist!

. . .

Doch dann geschahen zwei traurige Dinge für meine Eltern. Von der ersten Sache erfuhren wir Kinder erst viele Jahre später in der DDR, als Mutter von der Sowjetunion die Erlaubnis bekam, über ihre Arbeit und ihre Vergangenheit zu sprechen. Es kam keine Antwort mehr auf ihre Funksprüche. Immer wieder versuchte sie, Verbindung mit der SU zu erhalten, es gab auch ein Versteck, wo sie einen

Brief für ihre Vorgesetzten hinterlassen konnte oder wo eine Nachricht für sie liegen konnte. Sie konnte auch nach London fahren und in einer bestimmten Straße vor einem bestimmten Haus ein winziges Stückchen Kreide fallen lassen und zertreten. Das bedeutete, sie wolle jemanden aus der SU treffen. Doch alles war vergebens. Immer wieder radelte sie die 15 Kilometer zu dem Versteck. Es befand sich auf einem einsamen Landweg unter der Wurzel eines bestimmten Baumes. Die Nachricht hätte kein Fremder verstehen können, denn sie war chiffriert. Das heißt, es waren nur Zahlen, die dann von ihr in Buchstaben umgewandelt wurden. Es könnten ja zum Beispiel der Holzfäller, der Förster, spielende Kinder oder sogar ein Hund den Brief aufstöbern. War Mutter am Ziel, stürzte sie sich auch nicht gleich auf das Versteck. Sie lehnte das Rad an einen anderen Baum, pumpte es auf oder befestigte ihre Fahrradklammer. Dabei sah sie sich nach Fremden um. Bevor Mutter sich zur Wurzel bückte, tat sie so, als ob sie ringsum etwas suche. Je nach der Jahreszeit waren es im Winter Tannenzapfen oder Moos, im Frühjahr und Sommer Gras für die Kaninchen, Heilkräuter und Blumen, und im Herbst sammelte sie Pilze. Aber nie lag eine Nachricht da.

Später wollten wir wissen, ob sie nicht darüber sehr enttäuscht war oder vielleicht sogar böse, daß man sie einfach vergessen hatte. Mutter erklärte uns aber, daß ein erfahrener Kundschafter mit solchen Dingen rechnen muß. Vielleicht war irgendwo ein Verrat begangen worden oder ein anderer Kundschafter oder Verbindungsmann entdeckt worden, und um Mutter und andere zu schützen, hatte man die Verbindung für so lange wie nötig unterbrochen. Einmal, irgendwann, würde sich die Zentrale wieder melden.

Die zweite traurige Sache betraf Vater. Er hatte inzwischen Arbeit gefunden, aber nicht in seinem Beruf als Automechaniker. Damals gab es 2,5 Millionen Arbeitslose in

England, und da konnte jeder Soldat, der in die Heimat zurückkehrte, froh sein, irgendeine Arbeit zu finden. Vater mußte den ganzen Tag mit drei anderen Männern gemeinsam große Aluminiumplatten von einem Lastwagen abladen und zu einer Maschine tragen.

Eines Morgens, Vater war schon um 4.30 Uhr zur Frühschicht gefahren, und wir frühstückten gerade, kam ein Polizist vorbei. Er sagte: «Gehört das Ihrem Mann?» Wir sahen einen zerbeulten Helm und blutige Handschuhe, und Mutter antwortete ganz leise «ja». Er hatte einen Motorradunfall und lag mit drei Knochenbrüchen, Prellungen und Wunden im Krankenhaus. Nachdem Vater 14 Tage krank war und der Betrieb hörte, es würde noch länger dauern, bekam er die Kündigung ins Haus geschickt. In England gab es die ersten Jahre nach dem Krieg für Kranke keinen Arbeitsplatzschutz und auch nur kurze Zeit wenig Krankengeld.

Unsere finanzielle Lage war jetzt ganz unsicher, wir mußten sehr sparsam leben, und meine Eltern sorgten sich um die Zukunft. Das spürten wir Kinder natürlich auch, aber wir wußten trotzdem nicht, was das damals für eine schlimme und ernste Zeit für beide gewesen sein muß. Heute kann ich mir vorstellen, wie Vater sich mit dieser langweiligen, schweren Arbeit rumgequält haben muß, dann der Unfall und er Monate danach hilflos und untätig. Und Mutter – sie machte sich sicher immer noch Gedanken über die verlorene Verbindung zur Zentrale, ich glaube, sie kam sich nutzlos vor. Na ja, und wenn man sich liebt, sorgt sich einer auch noch um die Sorgen des anderen.

Aber für uns Kinder war eine Sache wunderbar, und deshalb war vielleicht diese ernste Zeit für mich wiederum die schönste meiner Kindheit. Eine richtige Familie konnten wir bisher eigentlich nie sehr lange sein. Erst waren es die Kinderheime, dann war Vater bei der Armee. Früher war ich so unsicher, fragte auch oft, wann wieder einer weggehen müsse, wie lange es dauert, bis wir uns wiedersehen. Aber jetzt, wo wir schon viele Monate zusammen waren, ohne einen Tag getrennt zu sein, fühlten wir uns geborgen, und ich vergaß meine Fragen.

Als Vater aus dem Krankenhaus kam, lag er mit seinem Gipsbein zunächst im Bett, und wir bekamen viele Geschichten zu hören. Es waren aber keine Märchen, die kannte er nicht, weil er seine Eltern als Kind verloren hatte. Da gab es niemanden mehr, der sie ihm erzählen konnte. Es waren Geschichten aus dem Leben, von Menschen aus anderen Ländern, von Weltreisen und anderen Sternen. Am interessantesten fanden wir die Frage-und-Antwort-Stunden. Wir wollten wissen, wie weit man in die Erdkruste eindringen kann, wie lange jemand ohne Essen und Trinken auskommt, wie alt Penny wird. Wie lange eine Wespe in einem Stück Eiskrem am Leben bleibt, die Frage kam von Peter. Mutter protestierte, wenn dieses Spiel in den Ferien am Vormittag begann und sie sich nicht dazusetzen konnte. Es war so interessant, aber Haushalt und Mittagessen sollten auch fertig werden.

Vater hatte nun viel Zeit, und wir beide lernten das Flötespielen. Jeden Sonnabend gab es ein kleines Konzert. Vater konnte da schon im Sessel sitzen, ich stand meist vor dem Insbettgehen im Bademantel neben ihm, und wir spielten Mutter etwas vor. Ich erinnere mich genau daran, weil sie solch ein glückliches Gesicht beim Zuhören bekam.

Vaters Bein war so lange in Gips, daß es immer dünner wurde und der Verband schon ganz lose saß. Die Haut darunter fing an zu jucken, aber nie kam er ans Bein heran, um zu kratzen. Da hatte ich die gute Idee, unseren Kaminreiniger zu holen. In England gibt es keine Öfen, sondern offene Kaminfeuer. Der Reiniger sah aus wie unsere Flaschenreiniger, aber natürlich größer und ungefähr anderthalb Meter lang. Ich wusch ihn in Judiths Futterkessel aus und schob ihn zwischen den Gipsverband und Vaters Bein. Nun hatte er ein Problem weniger, aber ich schuf mir und den Eltern eins. In dieser Zeit ließ mich ein Knecht vom Gutshof reiten. Obwohl ich sonst nicht besonders mutig war, hatte ich überhaupt keine Angst. Im Gegenteil – ich bildete mir ein, ich sei dafür geboren, ein Pferd zu besitzen. Von diesem Augenblick an gab es nichts auf der Welt, wonach ich mich mehr sehnte. Alles hätte ich dafür gegeben, wäre mir dieser eine Wunsch erfüllt worden. Aber nach einer Woche wollte keiner mehr von meiner Sehnsucht etwas hören, ich wurde immer trauriger oder war schlechter Laune. Einmal schrie ich sogar Mutter richtig an, weil sie auf ihre Süßigkeiten ja auch nicht verzichtete. Sie naschte ihr Leben lang gerne und hat heute noch ihre Schachtel voll Pralinen am Kopfende vom Bett versteckt. Kommen die Enkel, und jetzt schon das Urenkelchen, steuern sie schnurstracks dorthin, und erst wenn die Naschecke durchsucht ist, wird begrüßt.

Damals sprachen meine Eltern mit mir über Vaters Arbeitslosigkeit, daß Mutter nur billige Bonbons lutsche und wir uns alle manchen Wunsch versagen müssen und Reitpferde sehr teuer sind. Vater fragte mich, als ich allein mit ihm war, ob ich Mutter je schlechtgelaunt gesehen habe und ob ich glaube, es sei für sie ein Vergnügen, Feriengäste aufzunehmen, für sie zu kochen und ihnen auch noch das Frühstück ans Bett zu bringen. Mir kamen immer schon schnell die Tränen, und wieder mal mußte ich schlucken. Alle taten mir leid, ich mir selbst aber auch. Trotzdem nahm ich mir fest vor, nie wieder das Wort «Pferd» zu erwähnen. Doch da geschah das Unglück mit dem Film. Ich ging ins Kino, und dort wurde «National Velvet» gespielt. Velvet heißt Samt, und so schimmerte auch das Fell des Pferdes. Noch nie in meinem Leben hatte ich ein schöneres gesehen. Es gehörte einem 14jährigen

Mädchen, Velvet Brown, dessen Haare und Augen auch wie Samt schimmerten. Sie spielte ihre Rolle so wunderschön, daß ich dachte, ihr müsse das Pferd auch in Wirklichkeit gehören. Soviel Liebe kann doch nicht vorgetäuscht sein.

Das Mädchen hieß Elizabeth Taylor und wurde später eine international berühmte Schauspielerin mit Brillanten um den Hals und an jedem Finger. Im Film war sie aber noch ganz schüchtern und bescheiden. Als ich das Buch mit dem gleichen Titel las, wurde Velvet darin «mit vorstehenden Zähnen, einem Mund voll Metall und einem süßen Lächeln» beschrieben. Das gefiel mir so, weil ich damals auch gerade eine Klammer für die Zähne trug, und ich stellte mich vor den Spiegel und lächelte mich an. Velvets ganze Welt waren Pferde, «selbst die Wolken am Himmel sahen wie Pferde aus, und abends schaute sie zum Mond, verschränkte die dünnen Arme und betete: ‹O Gott, gib mir Pferde, laß mich die beste Reiterin von England sein.›» Sie hatte ein Pferd in der Lotterie gewonnen und mit ihm die herrlichsten Sprünge über Hecken und Mauern bewältigt. Da kam ihr der Gedanke, an dem berühmtesten Rennen der Welt in Aintree teilzunehmen. Velvet war ganz schlank, «hatte Finger, so zart wie Klaviersaiten», und wenn sie zum Reiten ihre Haare unter ihre Mütze steckte, da sagte ihre Mutter «mein Junge».

Sie ließ sich die Haare kurzschneiden und meldete sich als Jockei. Die besten Reiter staunten über diesen zierlichen Jungen und wie er sein Pferd beherrschte, als ob sie beide eins waren. Aber als er nach dem Endspurt Sieger wird und ohnmächtig vom Pferd gleitet, staunen alle noch mehr. Denn Velvet wird vom Arzt untersucht, und eine Stunde später geht die Meldung um die Welt, was eine Frau, ein junges Mädchen von 14 Jahren, erstmals in der Geschichte des Pferdesports gewagt hat. Am nächsten Tag bekam Velvet zehn Liebesbriefe und zwei Heiratsanträge.

Ich hielt mein Versprechen und erwähnte nie wieder meinen Wunsch. Aber abends im Bett faltete ich die Hände (auch wenn meine Finger nicht so dünn waren wie Klaviersaiten) und betete: «Gott, schenk mir ein Pferd!»

. . .

Seitdem der Faschismus besiegt worden war, dachte Mutter oft mit großer Sehnsucht an ihre Heimat, wo jeder Kommunist zur Arbeit gebraucht wurde. Ihr Bruder Jürgen war bereits zurückgekehrt; er schickte ihr Zeitungen und Bücher. Sie las alles und begann auch, mit uns immer öfter von Deutschland zu reden. Sie war ja zwanzig Jahre von ihrem Zuhause getrennt gewesen.

Mutter hatte einen Brief in das Versteck unter der Baumwurzel gelegt, natürlich in Codezahlen geschrieben. Der Brief war kurz: «Wenn Ihr mich nicht mehr braucht, darf ich nach Deutschland in die sowjetische Zone zurückkehren?» Jeden Monat radelte sie zum Versteck, und immer lag der eigene wasserdicht verpackte Brief noch da. Beim fünften Mal war er verschwunden, und sie fand eine Antwort. Ich kann mir vorstellen, wie ihr Herz klopfte und wie sie im Eiltempo nach Hause radelte, um den Brief so schnell wie möglich zu entschlüsseln. Uns sagte sie noch nichts, aber wir merkten, daß sie glücklich war und mit Vater viele ernste Gespräche führte.

In dem Brief stand: «An Sonja. Kehre in die Deutsche Demokratische Republik zurück.»

Es dauerte aber noch viele Monate, bis Mutter alle nötigen Papiere zusammen hatte und uns sagte, daß wir umziehen würden, ein letztes Mal, und diesmal in die Heimat. Vater kam mit vier riesigen Reisetaschen aus Segeltuch nach Hause. Sie stammten aus Restbeständen der US-Armee, die ganz billig zu kaufen waren, sahen aus wie Seesäcke, aber mit einem dicken Reißverschluß und Griffen an jedem Ende und in der Mitte. Peter krabbelte in einen der Säcke, wir zogen den Reißverschluß zu und sagten Mutter, wir hätten unser Spielzeug bereits verpackt. Sie hob den Sack an, war entsetzt und sagte: «Aber Kinder, dafür haben wir doch keinen Platz übrig.» Inzwischen bekam es Peter mit der Angst zu tun und Mutter noch mehr, als es plötzlich im Sack zu schreien anfing. Wir öffneten den Reißverschluß ein wenig, und sein Kopf schoß heraus. Das sah so drollig aus, am liebsten hätten wir ihn fotografiert.

Auch diesmal konnten wir nur das Notwendigste mitnehmen, weil wir mit dem Flugzeug reisten. Je drei Bücher erlaubte uns Mutter. Ich las so gern, da fiel die Wahl sehr schwer. Diese drei habe ich heute noch. Eins davon war natürlich «National Velvet» und das zweite auch eine Pferdegeschichte – «Black Beauty», «Schwarze Schönheit». Wenn ich jetzt darin blättere, muß ich lachen, weil mir einfällt, wie ich früher um die Heldinnen weinte und so sein wollte wie sie. Aber manche Stellen finde ich noch genauso schön wie damals.

In unserem Wohnzimmer gab es nicht viele Möbel, ein breites Sofa, wo meine Eltern auch schliefen, drei alte Sessel um den Kamin und die Wände mit Regalen voller Bücher. Es sah so gemütlich aus, und abends saßen sie meist und lasen. Stellen, die ihnen besonders gefielen, lasen sie sich gegenseitig vor. Heute sind beide schon alt und gehen zeitig ins Bett, aber wenn wir spät überraschend kommen, haben sie immer ein Buch in der Hand. Damals muß es Mutter schwergefallen sein, das alles zurückzulassen.

Als Vater unsere Namen auf die Säcke pinselte, kam mir ein schlimmer Gedanke, und ich wollte wissen, ob er mitkommt. Von Mischa wußte ich schon, daß er in England bleiben würde, weil er dort studierte und außerdem keine Reisepapiere besaß. Ich selbst wollte eigentlich auch nicht fort von unserem Dorf, der Schule und Penny. Eine neue Sprache lernen wollte ich auch nicht. Zu Peter sagte ich, statt der teuren Reise hätten wir auch schon längst ein

mein Traum – ein Reitpferd

Pferd kaufen können. Aber er antwortete: «Ich will aber nicht reiten, ich will fliegen.»

Mutter erklärte mir, daß wir uns niemals für immer trennen werden, weil wir doch *eine* Familie sind, und daß Vater

Reisegepäck nach Deutschland Februar 1950

und Mischa ganz bestimmt nachkommen. Trotzdem muß es damals für die Eltern ein ernster Konflikt gewesen sein. Auf der einen Seite liebte Vater seine Heimat, er war Kommunist und seine Partei sehr klein. Er fühlte, daß er dort gebraucht würde. Auf der anderen Seite liebte er Mutter und uns sehr. Mutter fühlte das bestimmt alles, aber sie wiederum wollte auch in ihre Heimat und dort als Genossin arbeiten. Dafür hatte sie ja zwanzig Jahre gekämpft. Vielleicht gab es auch in der DDR für jemanden wie Vater eine Arbeit, die ihm wichtig genug erschien, um nachzukommen. Ich glaube, beide hofften im stillen darauf. Vaters Bein war noch nicht ganz in Ordnung, aber Mutter brauchte sich nicht um ihn zu sorgen. Unter den Spanienkämpfern gab es eine große Solidarität, und außerdem lebten Mutters Schwestern in London. Jede einzelne schlug vor, daß er bei ihr wohnen solle. Meine vielen Tanten habe ich noch gar nicht erwähnt, obwohl sie mich während meiner Ferien bei den Großeltern immer sehr verwöhnten und sie uns noch heute so oft wie möglich in der DDR besuchen. Sie und ihre Männer sind ja auch Kommunisten.

. . .

Das Flugbillett war besorgt, und Vater packte die riesigen Taschen aus Zelttuch. Das konnte er schon immer gut; jeder kleinste Winkel wurde ausgenutzt und gefüllt. Er war so gründlich, bei ihm paßte noch mal soviel hinein, als wenn Mutter packte. Dafür dauerte es aber auch noch mal so lange, und Mutter wurde ungeduldig mit ihm. Das ist heute noch so, wenn sie verreisen. Mutters Raleigh-Fahrrad sollte auch die lange Reise mitmachen. Ein Fahrrad war in England etwas Kostbares nach dem Krieg und in Berlin bestimmt auch. Vater zerlegte es und verpackte die einzelnen Teile.

Als unsere Säcke prall wie Würste nebeneinander standen, wurde ich auch aufgeregt und freute mich auf das Neue.

4

Wir landeten in Westberlin und fuhren mit der S-Bahn zur Friedrichstraße. Was nun? Jürgen, der einzige, der uns hätte helfen können, war mit einer Delegation in der Sowjetunion. Es war 9 Uhr abends und ein kalter 1. März. Mutter suchte vergeblich nach einer Decke in den Säcken, brachte alles durcheinander und bekam es nicht mehr wieder hinein. Ach, wenn Daddy nur hiergewesen wäre! Dann schleppte sie drei der Reisesäcke zur Gepäckaufbewahrung, setzte uns auf den vierten und ging ein Zimmer suchen. Ich sah ihr hinterher, wie sehr sie sich beeilte, und wollte ihr so gerne helfen. Peter hatte, wie für englische Schuljungen üblich, nur kurze Hosen und Kniestrümpfe an und begann vor Kälte zu zittern. Er tat mir so leid, ich rieb seine Knie warm und tröstete ihn. Plötzlich mußte ich daran denken, wie Mischa damals im Kinderheim zu mir war, und jetzt war ich die große Schwester. Endlich tauchte Mutter wieder auf.

Berlin war 1950 noch sehr zerbombt und die wenigen Hotels besetzt. Deshalb mußte Mutter lange suchen, bis sie ein Zweibettzimmer in der jetzigen Wilhelm-Pieck-Straße/Ecke Bergstraße fand. Die Wirtin konnte das Zimmer nur jeden dritten Tag mit vier Kohlen heizen. Darauf freuten wir uns zwei Tage lang, standen am Ofen und wärmten uns. Abends kuschelten wir Kinder uns in das eine Bett zusammen. In England kannten wir nur Wolldecken, da fanden wir die riesigen Federbetten komisch, aber sie waren wunderbar warm. In diesem Zimmer konnte man sich wirklich nur zum Schlafen aufhalten. Einmal erzählte ich

Peter nach dem Aufstehen das Märchen «Frau Holle», aber er sagte: «Davon wird mir nur noch kälter, hör auf.»

Lebensmittelkarten besaßen wir nicht, doch nun kam mein Onkel Jürgen zurück und half uns. Wir bekamen Geld und konnten jeden Morgen zum Rosenthaler Platz in eine Gaststätte frühstücken gehen.

Ich erinnere mich noch genau an unseren ersten Spaziergang dorthin und wie mich die vielen Ruinen erschreckten. Alles war so schwarz und traurig und noch schlimmer als in London. Eine Sache fand ich aber drollig. Die Engländer sind reserviert und zurückhaltend. «Mein Haus ist meine Burg», sagen sie, und neugierige Menschen können sie nicht leiden. Hier aber öffneten die Menschen, sobald die Sonne schien, die Fenster und lehnten sich hinaus. Dabei taten sie nichts, sie schauten nur auf die Straße, ob dort etwas passierte, und niemand nahm ihnen die Neugier übel. Damit es bequemer war, legten sie ein dickes Kissen aufs Fensterbrett, und manchmal unterhielten sie sich von einem Fenster zum anderen. Ich weiß noch, wie Mutter lächelte und sagte: «Ach Nina, das ist Berlin.» Da hatte der Krieg fast eine ganze Stadt zerstört und soviel Schreckliches angerichtet, aber bestimmte Gewohnheiten leben immer weiter.

Als wir in unserer Gaststätte beim Frühstück saßen, sprach uns ein Kellner auf englisch an. Wir waren überrascht und froh. Er erzählte uns, daß er früher zur See gefahren sei. Immer, wenn er uns bediente, freuten wir uns, und er, glaube ich, auch. Die Gaststätte gibt es heute noch, aber der Ober ist sicher schon Rentner.

Sehnsucht und Heimweh hatten wir in den ersten Wochen oft nach England. Ich dachte an die Schule, an mein Zimmer und unser schönes Dorf. Nur Peter war zufrieden, weil er in der vierten Etage von unserem Fenster aus auf die Straße spucken konnte. Wir aßen so lange wie möglich, denn in das kalte Zimmer mochten wir nicht zurück. Nach dem Frühstück liefen wir zur Friedrichstraße, standen lange auf der Spreebrücke und fütterten die Möwen.

Die Leute guckten uns an, weil wir anders angezogen waren und anders sprachen. Manchmal war ich wütend darüber und fand es aufdringlich. Ich fürchtete mich auch davor, daß mich jemand anspricht und ich nicht antworten könnte. Deshalb brachte mir Mutter den Satz bei «Ich verstehe nicht». Wie oft mußte ich diese Worte wiederholen. Wir beobachteten die Spreekähne, auf denen damals noch Fische verkauft wurden, und vertrieben uns die Zeit bis zum Mittag. Mutter übte auf diesen Spaziergängen die ersten deutschen Worte mit uns.

Endlich war es 12 Uhr. Wir liefen weiter zum Klub des Kulturbundes zum Essen. Jürgen hatte das für uns besorgt. Dort war es vornehm, mit Parkettfußböden und verzierten Zimmerdecken, und die Kellner trugen Fracks. Mutter erzählte, daß hier früher hohe Nazis verkehrt hätten, sich jetzt Künstler und Schriftsteller, die von den Nazis vertrieben worden waren, trafen. Ich stellte mir vor, was es gerade für Schriftsteller bedeutet haben mußte, nach Deutschland zurückzukehren. Für sie war es bestimmt besonders schwer, in einem fremden Land zu leben, denn ein Künstler ist empfindsam und braucht seine vertraute Umgebung, den Klang der eigenen Sprache und vor allem sein eigenes Volk. Doch die Werke, die er geschaffen hatte, wurden unter Hitler verbrannt, und er mußte fliehen. Viele von ihnen versuchten, in fremden Ländern eine neue Heimat zu finden und tapfer zu arbeiten, aber die Sehnsucht nach Deutschland blieb. Mutter erzählte mir, in dieser Zeit der Emigration seien viele berühmte Romane, Gemälde und Lieder entstanden, die der Welt zeigen sollten, wie furchtbar Faschismus und Krieg sind.

Ich freute mich sehr, als ein solcher Schriftsteller zu uns an den Tisch kam und sich englisch mit uns unterhielt. Wie freundlich er war. Er wußte wohl, daß wir nur fremde

Wörter ringsum hörten und was in uns Kindern vorgeht. Mutter sagte, er heiße Bodo Uhse und habe auch in Spanien gekämpft wie Vater. Der Kellner am Rosenthaler Platz und der Schriftsteller im Klub waren die ersten fremden Menschen, die uns vertraut wurden.

Am meisten freuten wir uns aber, wenn wir dort meinen Onkel Jürgen trafen. Nur vor dem «Guten Tag» fürchtete ich mich. Es machte mich verlegen, wenn er Mutter mit Handkuß begrüßte. Das kannte ich nicht aus England, und wenn er auch noch meine Hand anheben wollte, wurde ich rot, schüttelte seine kräftig und drückte sie herunter. Ich wunderte mich auch, daß er gerne mit den Kellnern ein kleines Schwätzchen machte, waren es Kellnerinnen, redete er sie mit «Kindchen» an, und da strahlten sie. Jürgen war mein Patenonkel, und Mutter erzählte mir, wie das gekommen war:

In meiner Geburtsstadt Warschau gab es damals nur den Geburtsschein, wenn man auch gleichzeitig einer Kirche angehörte und getauft war. Zur Taufe gehörte der Taufpate, und da Jürgen gerade in Warschau war, versuchte Mutter, ihn dazu zu überreden. Eigentlich hatte er ganz andere Dinge im Kopf und war, wie Mutter, das letzte Mal als Kind in einem Gottesdienst gewesen. Als sie ihn nun anflehte und ihm schließlich ein schönes Festessen zur Feier des Tages versprach – er aß nämlich sehr gerne –, da stimmte er zu. Vielleicht auch, weil er wußte, daß solch ein Papier für Kinder illegaler Revolutionäre gut war. Er suchte mit meiner Mutter und mir schreiendem Bündel eine prunkvolle Kirche auf, und ein Priester hielt mich über ein Taufbecken.

Mutter war nicht religiös, aber alte Kirchen muß sie immer gemocht haben, denn sie ging an keiner vorbei, ohne sie zu besichtigen, und ich war überrascht, wie gut sie über ihre Geschichte Bescheid wußte und uns die religiösen Bilder an den Wänden erklären konnte.

Jedenfalls war ich mit diesem Patenonkel sehr zufrieden und bin es heute noch. Er schenkte mir im Klub gleich sein Buch «Land der frohen Zuversicht». Es war für Kinder geschrieben und handelte von der Sowjetunion. Mutter übersetzte mir daraus, und ich wunderte mich, daß ein Wissenschaftler so einfach schreiben kann. Überhaupt kam er mir damals nicht wie ein Gelehrter vor, er machte so viele Witze, daß Mutter manchmal leise mahnend «die Kinder» sagte. Dann hörten wir besonders interessiert zu. Jürgen hat mich bis heute nicht vergessen, obwohl er schon 78 Jahre alt ist. Jedes Jahr schenkt er mir den neuesten Band seines Werkes «Geschichte des Alltags des deutschen Volkes» und schreibt hinein: «Für Nina von Jürgen.» Beim Lesen freut mich, daß ich, obwohl ich nicht zu den Gelehrten gehöre, das meiste daraus verstehe.

Neulich besuchte ich wieder einmal den Speisesaal des Kulturbundes in der Otto-Nuschke-Straße, wo wir als Kinder, ich war 13 und Peter 7 Jahre alt, zu Mittag aßen.

Wenn wir den Klub verließen und wieder eine Stunde brav herumgelaufen waren, kaufte Mutter uns zur Belohnung eine Streuselschnecke, leider nur jedem eine, weil sie eine Mark kostete. Die gab es nicht auf Lebensmittelkarten im Konsum, sondern in der neugegründeten «HO».

Nun blieb noch der ganze Nachmittag übrig. Wir wärmten uns meist im Haus der Deutsch-Sowjetischen Freundschaft auf und waren so regelmäßige Gäste, daß die Garderobenfrauen uns schon zuriefen: «Guten Tag, Nina, guten Tag, Peter.» In England begrüßt man sich mit «how do you do», «wie geht es dir?» Und man antwortet dasselbe «wie geht es dir?» Aber «guten Tag» gefiel mir besser, weil es bedeutete: Ich wünsche dir einen guten Tag. Das fand ich freundlich.

Im Haus der DSF war es warm und gemütlich. Interessante Ausstellungen fanden statt, die Mutter uns erklärte; hier sah ich auch meinen ersten sowjetischen Film. Er zeigte, wie seit Generationen Störche jedes Jahr im Frühjahr in dasselbe russische Dorf zurückkehren. Und jedes Jahr im Frühjahr stehen die Dorfbewohner vor ihren Häusern, schauen zum Himmel und erwarten ihre Gäste. Die Störche flicken das alte Nest, brüten geduldig und bekommen ihre Jungen. Die sperren ihre Schnäbel weit auf, sie sind immer hungrig. Die Eltern müssen viel unterwegs sein auf Futtersuche. Wie beim Brüten wechseln sie sich dabei ab. Vater oder Mutter bleiben im Nest und schützen ihre Jungen. Die flauschigen Kleinen wachsen heran; sie unternehmen die ersten Flugversuche, aber fallen immer wieder ins Nest zurück. Da hab ich mir eingebildet, das ganze Kino zittert mit, ob sie es schaffen oder nicht. Jetzt konnten die Alten sie schon manchmal allein lassen.

Als das Storchenpaar einmal gemeinsam von der Futtersuche zurückkommt, steht das Dorf in Flammen. Das Nest mit seinen Jungen ist herabgestürzt und verbrannt. Tagelang kreisen die Eltern am Himmel und suchen ihre Kleinen. Es ist Krieg, faschistische Flugzeuge haben alles zerstört.

Im nächsten Frühjahr schauen die paar übriggebliebenen Bewohner aus alter Gewohnheit wieder zum Himmel. Das Storchenpaar kehrt zurück, flattert über den Ruinen und sucht sein Nest. Die Alten auf der Straße schauen traurig ihrem Paar zu, bis es wegfliegt und nur noch zwei Punkte am Himmel zu sehen sind. Ich weiß nicht mehr, wie der Film hieß, und ich habe ihn nie wieder gesehen. Ich weiß aber noch, wie traurig ich danach war. Meist entdeckte ein kleiner barfüßiger Junge mit Sommersprossen die Störche zuerst und rief: «Sie sind da!» Nach dem Bombenbrand im Dorf, als die Störche im Frühjahr wiederkamen, war er nicht mehr dabei.

Wenn mich etwas sehr bewegte, wollte ich danach am liebsten allein sein oder wenigstens schweigen. Peter, der nicht alles im Film verstanden hatte, fragte und plapperte.

Ich wurde grob mit ihm, aber Mutter sagte nichts, sie hakte mich unter.

Eines Abends, als wir am Fenster standen und Peter mal wieder seiner Lieblingsbeschäftigung nachging, sah ich durch die Ruinen einen langen Fackelzug kommen und hörte Lieder singen. Ich rief Mutter, wir liefen die Treppen hinunter und blieben am Straßenrand stehen. Jedes Lied klang so frisch in unserer traurigen Gegend. Ich war erstaunt, als ich plötzlich die Demonstranten und Polizisten Arm in Arm laufen sah, und sie sangen und lachten zusammen. Das war mir unbegreiflich. Nie im Leben, nicht mal im Traum, wäre ich in England auf den Gedanken gekommen, einen Polizisten unterzuhaken.

Mutter hatte mir in der Zeit davor schon erklärt, was die DDR möchte, wieviel es hier zu tun gibt und wonach sich die Jugend nach diesem Krieg sehnt. Ich hörte gerne zu und wollte auch viel wissen, aber so richtig mit ihren Worten mitfühlen konnte ich nicht. Ich war oft halb in England bei meinen Tieren oder auf der Gartenmauer. Nun, als ich den Fackelzug sah, wollte ich, daß Mutter mir die Lieder übersetze. Eine Melodie gefiel mir gut, und die letzte Zeile von jedem Vers war ganz einfach – «Bau auf – bau auf». Aufzubauen gab es so viel, ich konnte mir gar nicht vorstellen, wie sie das alles schaffen wollten. Ich wartete schon immer auf die Wiederholung von «Bau auf – bau auf», und bei der letzten Strophe sang ich es mit.

Es wurde allmählich wärmer, aber ewig konnten wir nicht in dem Zimmer bleiben. Mutter mußte eine Wohnung suchen, uns mit deutschen Kindern zusammenbringen, damit wir die Sprache schneller lernten, und uns dann zur Schule schicken. So kamen wir, bis unser Leben geregelt war, wieder in ein Kinderheim in einem Vorort von Berlin. Die Leiterin war unter den Nazis sehr mutig gewesen; sie hatte in ihrem Heim ein paar jüdische Kinder verborgen gehalten und ihnen so das Leben gerettet. Sie sprach englisch, und wir fühlten, sie hatte uns gern. Aber nach Mutter hatte ich sofort große Sehnsucht. Jeden Sonntagmittag besuchte sie uns, und kurz vor dem Abschied war der Schmerz jedesmal groß. Ich sah ihr nach, bis sie um die Ecke ging, und es war wie früher, wenn wir uns trennen mußten; alles wurde so ängstlich und eng in mir. Für Peter war es wohl noch schlimmer. Er weinte, wenn sie fortging, und wollte danach immer englische Märchen von mir hören. Ich versuchte, soviel es ging, mich um ihn zu kümmern.

Die Heimleiterin tat alles, damit wir uns schnell eingewöhnten. Aber einmal fand Mutter doch, daß dies zu weit ging. Wir haßten das Schwarzbrot, weil es in England nur helles Brot gab. Da lag oft für uns früh eine Scheibe Weißbrot auf dem Teller. Ich wunderte mich, daß kein Kind neidisch auf uns wurde. Mutter wollte diese Bevorzugung nicht, wo alles so knapp war. Aber gerührt war sie doch, das merkte ich.

Als ich drei Wochen im Heim war, wurde ich 14 Jahre alt. Ich habe inzwischen viele Geburtstagsfeiern erlebt; an meinem 14. gab es keine großen Geschenke oder Torten, und trotzdem denke ich besonders gern an diesen Tag zurück. Alle Kinder hatten sich zum Spalier aufgestellt und sangen ein Lied, als ich zum Geburtstagstisch geführt wurde. Dort stand ein Nähkästchen zum Aufklappen, daneben lag ein großes duftendes Weißbrot, mit einer blauen Schleife verziert, und jedes Kind überreichte mir etwas – Nähgarn, Nadeln, Wolle, Fingerhut, Strickzeug. Und diesmal störte es mich überhaupt nicht, daß ich im Mittelpunkt stand. Ich fühlte, die Kinder hatten sich besonders viel Mühe gegeben, weil wir aus einem anderen Land kamen. Sogar Peter hatten sie nicht vergessen, sein Geschenk war ein großer bunter Hampelmann.

Auf dem Weg zur Dorfschule und in den Pausen hakte sich irgendein Mädchen bei mir ein oder versuchte, etwas zu erzählen. Aber im Unterricht fühlte ich mich wieder allein, weil ich nichts verstand. Ich hatte Langeweile, beobachtete durchs Fenster die Eichhörnchen und dachte an zu Hause und daran, daß es sinnlos ist, hier zu bleiben. Ich würde die Sprache nie lernen. Mutter bestand aber darauf, daß ich weiter zur Schule ging. Sie erklärte mir, wie wichtig schon allein der Klang der Sprache sei. Hörte ich ihn jeden Tag, würde ich sie langsam begreifen. Sie hatte recht, denn bevor sie mich Pfingsten für drei Tage nach Berlin holte, konnte ich schon den Briefträger fragen: «Hast du Post für ich?» Oft dachte ich an meinen Vater und an Mischa in England und schrieb ihnen viel.

Mutter holte mich nach Berlin, weil sie wollte, daß ich das Pfingsttreffen der Jugend miterlebe. Ich glaube, wir waren bei fast allen Veranstaltungen dabei, und ich wußte gar nicht, womit ich meinen nächsten Brief nach England beginnen sollte. Ich war ganz durcheinander und sehr glücklich. Ihr könnt vielleicht nicht so verstehen, warum mich dieses Treffen der Jugend so beeindruckte, daß ich abends lange im Bett wach lag und alles noch einmal miterlebte. Das sowjetische Alexandrow-Ensemble ist euch sicher bekannt, ihr habt es schon mehrmals gesehen und braucht außerdem nur auf den Fernsehknopf zu drücken und seid dabei. Ich stand aber mit Mutter mitten im zerstörten Berlin, und Tausende warteten mit uns auf das berühmte Tanz- und Gesangsensemble. Ich sah es zum ersten Mal und war von der ersten Minute an wie verzaubert. Soviel Fröhlichkeit und Temperament, solche Farbenpracht hatte ich noch nie erlebt. Es wirbelte und stampfte, und die Zuschauer klatschten endlos Beifall. Manchmal erklangen eigenartig wehmütige Lieder, und Mutter sagte, so seien die musischen Menschen, Fröhlichkeit und Leidertragen wohnen nebeneinander in ihrer Seele.

Plötzlich erklang ein kleines Volkslied in gebrochenem Deutsch. Heute würde keiner mehr darüber weinen; aber damals, der Krieg war noch nicht lange vorbei, hatte mancher Tränen in den Augen, und Mutter, die wir sonst niemals weinen sahen, auch. Sie erklärte mir, daß das eine wunderschöne Geste der Freundschaft sei, wo doch der deutsche Faschismus den sowjetischen Menschen soviel Unmenschliches angetan hatte. Ich mußte sowieso die ganze Zeit an den kleinen sommersprossigen Jungen aus dem Film mit den Störchen denken; da hätte sie mir gar nichts zu erklären brauchen.

Nach dem letzten Tanz erklang ein Lied. Die, die saßen, erhoben sich, alle faßten sich an den Händen und sangen gemeinsam. Ich guckte Mutter und meinen Nachbarn abwechselnd an, verstand aber kein Wort. Doch die Melodie und die vielen Stimmen fand ich so schön und wie sie durch die Ruinen drangen und zurückhallten. Auf dem Nachhauseweg erzählte mir Mutter, die Internationale wird seit fast hundert Jahren gesungen, ist in alle Sprachen übersetzt und verbindet die fortschrittlichen Menschen der ganzen Welt miteinander, ich hätte das Lied auch schon einmal gehört. Aber ich erinnerte mich überhaupt nicht daran. Das war auch klar, denn sie sagte, ich sei damals gerade drei Tage alt gewesen. Es war in Warschau, am 1. Mai demonstrierten die Arbeiter in den Straßen und kamen auch an der Klinik vorbei, in der ich geboren wurde. Mutter hörte das Lied, nahm mich aus dem Körbchen und lief zum Fenster. Sie drückte mich an sich, schaute hinunter und überlegte, wie lange man die Internationale hier noch auf der Straße singen darf, was die Zukunft bringen wird und was wohl aus den Genossen geworden ist, die sie mit ihr, als sie alle noch ganz junge Menschen waren, gesungen hatten. Ich war ja im dritten Jahr des Hitlerfaschismus geboren.

Noch am selben Abend schrieb ich meinen langen Brief über das Pfingsttreffen nach England. Als ich fertig war, merkte ich, daß ich gar keinen Platz mehr hatte, um die neuesten Nachrichten von der königlichen Familie zu erfragen, und als ich an Herrn Butlin dachte, mußte ich plötzlich lachen.

Meine Mutter sagte, sie wolle den Brief einem Freund zeigen, er sei zum Abdrucken schön. Ich dachte gar nicht mehr an ihre Worte, und ein paar Tage später stand der Brief in der «Jungen Welt». Ich hatte gerade Abwaschdienst, als eine Erzieherin mit der Zeitung in die Küche kam und rief: «Ach, unsere Nina, guckt mal alle!» Ich sah nicht auf und wäre am liebsten in den Boden des Abwaschbeckens versunken. Ich wusch und wusch dasselbe Messer, bis ich mich in den Finger schnitt. Das hatte ich nun davon, daß ich mich immer genierte, wenn von mir die Rede war.

Mein Deutsch war jetzt schon viel besser, und ich war froh, daß mich keiner mehr so erstaunt und fragend ansah, wenn ich sprach. Bloß der Briefträger tat enttäuscht, als ich ihn plötzlich mit «Haben Sie Post für mich?» begrüßte. Er gab mir einen Nasenstüber, sagte «Ich verstehe nicht» und holte Briefe von Vater und Mutter aus seiner Tasche. Das war die letzte Post, die ich im Kinderheim erhielt.

Bald darauf rief Mutter an, sie hätte eine Wohnung und Arbeit bekommen, wir könnten nun bald nach Hause kommen. Ich merkte ihrer Stimme an, sie war ebenso glücklich wie ich, und fragte gleich, wo wir wohnen werden. Sie sagte, in der Nähe des Sowjetischen Ehrenmals in Treptow. Die Gegend kannte ich, weil Mutter mit uns dort gewesen war und uns die vielen Gräber gezeigt hatte.

...

Wir wohnten nun in Treptow, eingeschult wurde ich in Lichtenberg, in die 9. Klasse. Dort gab es eine Schule, die beispielgebend für alle anderen war. Sie hieß damals Aufbauschule, heute EOS Immanuel Kant.

Doch zunächst gab es zu Hause eine frohe Überraschung. Mutter hatte mit ihrer Partei gesprochen und Vater mit seiner. Beide Parteien waren der Meinung, gerade die Familien von Genossen seien durch Faschismus und Krieg so lange getrennt gewesen, nun solle man es ihnen leicht machen, zusammen zu sein und für die Eltern eine Arbeit zu finden, die ihnen Freude macht. Zu tun gäbe es in der DDR genug. So kam es, daß Vater ein halbes Jahr

Wir waren endlich eine Familie 1951

nach uns in Berlin eintraf. Mutter, die schon arbeitete, hatte drei Tage Urlaub genommen, alles besonders gemütlich in der Wohnung gemacht und wunderbar gekocht. Als wir endlich zusammensaßen und Daddy von England erzählte, dachte ich: wir müssen ganz gut zu ihm sein, denn England ist seine Heimat, und deutsch kann er auch kaum sprechen, da hat er es bestimmt so schwer wie wir am Anfang. Ein Jahr später kam auch Mischa, und wir waren endlich wieder eine Familie.

Peter ging, nachdem Mutter die Wohnung bekam, auch gleich zur Schule und in den Kinderhort. Wie im Heim, waren alle lieb zu ihm, weil er so still war. Aber etwas war schlimm: er lernte von den anderen Kindern nur eine besondere Art, deutsch zu sprechen, er berlinerte. Wenn Mutter ihn abholte, war er immer so froh. Einmal umarmte er sie und sagte: «Tag, du alte Sau.» Er glaubte wohl, das wäre ein Kosewort. Zu Hause sprach Mutter deutsch mit uns, aber jetzt redeten wir wieder englisch, damit Vater nicht zu sehr Heimweh bekam; nur unser Peter prahlte mit seinem wunderbaren Deutsch, und wir hatten alle Angst, Daddy würde nun auch berlinern lernen.

Vater setzte gleich das zerlegte Rad zusammen, das war für einen Automechaniker ein Kinderspiel. Nun radelte ich jeden Morgen von Treptow nach Lichtenberg zur Schule. Viele Jahre später, als das Rad schon klapprig war und ich ein neues erhielt, hoben wir es noch lange im Keller auf. Wir dachten so gerne an den schönen Tag zurück, als es für Mutter auf dem Bunker stand. Damals, in Oxford, hatte sie einen Fahrradsitz für Peter daran befestigt und ein weiches Kissen daraufgelegt. Ich sehe noch das Gänseblümchenmuster vor mir, aber natürlich ahnte ich nicht, daß manchmal militärisches Geheimmaterial, zum Beispiel Blaupausen von Flugzeugteilen, unter seinem kleinen Hintern in der Kissenfüllung versteckt war.

Als Mutter eines Tages den Keller aufräumte, sagte sie: «Schluß mit den Sentimentalitäten, das Rad kommt jetzt auf den Gerümpelplatz.» Das war falsch; denn nachdem Mutter 1978 ihr Kundschafterleben in dem Buch «Sonjas Rapport» beschrieben hatte, rief das Museum für Deutsche Geschichte an, ob wir noch das Rad besäßen. Es hätte historischen Wert als illegales Transportmittel im antifaschistischen Kampf, und sie würden es so gerne erwerben. Schade, mir würde es auch Spaß machen, wenn die Kinder von heute unser Rad im Museum bewundern könnten.

Mutter vermachte dem Museum jedoch eine andere Gabe, die Vater auch in einer der Reisetaschen verpackt hatte: ihren chinesischen Briefbeschwerer, eine Art Lineal aus Messing, das Teil ihrer geheimen Funktaste gewesen war. Eine richtige Taste durfte sie nicht im Hause haben, die wäre zu leicht entdeckt worden. Dieses Lineal hat sie seit 1931 begleitet, es ist wie ihr Talisman gewesen. In vier Ländern hat sie damit gefunkt, ohne entdeckt zu werden. Da lag es nun jahrelang in Treptow in ihrer Schublade herum, und wir Kinder haben es bei unseren Mathematikarbeiten zum Unterstreichen benutzt, ohne eine Ahnung von seiner Bedeutung zu haben.

Mit der Mathematik hatte ich immer Schwierigkeiten, aber sonst fühlte ich mich sehr wohl in der Aufbauschule. Ich war mit gleichaltrigen Schülern zusammen, und in den ersten Wochen verglich ich oft meine frühere Schule und ihre Schüler mit der neuen. Das helle freundliche Gebäude in England, der gepflegte Sportplatz und die Schulkleidung. Wir aßen an gedeckten Tischen, und die Lehrer saßen getrennt von uns auf einem Podest und schauten beim Essen auf uns herab. Hier liefen Schüler und Lehrer mit Blechbüchsen und Blechlöffeln umher, aber sie redeten miteinander wie Freunde.

Mit mir zeigten die Lehrer vom ersten Tag an viel Geduld, weil ich die Sprache noch nicht perfekt konnte. Und vom dritten Tag an hatte ich drei Freundinnen: Christl, Reni und Marianne. Reni bewunderte ich sofort, weil ihr Gesicht so fein und klug aussah, und klug war sie sehr. Sie wurde als Sprecher der Klasse gewählt, war FDJ-Sekretär, und das konnte ich auch verstehen. Marianne war so schlicht in ihrer Art, immer fröhlich und nie launisch, wie es bei mir leider manchmal vorkam. Sie wohnte in unserer Nähe und holte mich oft zur Schule ab. Ihr Haar war ganz dick und blond, und sie trug es hinten lose über den Rükken und an den Seiten zu Zöpfen hochgesteckt. Ich dachte,

zu Hause

sie wird einmal viele Freunde haben, weil alle ihr nachschauten. Christl hatte am wenigsten Geld von uns vieren, das sah ich gleich an ihrer Kleidung, aber ihre politische Überzeugung gefiel mir sehr. Sie hatte leuchtende Augen und war immer so begeistert von allem. Heute lebt sie in Bulgarien; wir sehen uns jedesmal, wenn sie in Berlin ist, und ich denke: Christl eine Großmutter! Aber ihre Augen strahlen noch genau wie früher. Auch Marianne ist so natürlich und schlicht geblieben. Erst neulich haben wir lange zusammengesessen und dabei auch an die Aufbauschule gedacht. Reni ist Wissenschaftlerin geworden, wie ich es schon, als wir 14 waren, von ihr erwartet hatte.

Mutter hatte meine Freundinnen sehr gern, und umgekehrt war es auch so. Meinen Vater verehrten sie, glaube ich, ein bißchen, er sah ja auch wirklich sehr gut aus und hatte einen wunderbaren Charakter. Nur manchmal war er nervös und zog sich von uns allen zurück. Im Zweiten Weltkrieg hatte er als Panzerfahrer aus nächster Nähe starke Explosionen miterlebt und davon bis heute ein ständiges Pfeifen im Ohr zurückbehalten.

Wir Kinder versuchten, darauf Rücksicht zu nehmen, aber manchmal vergaßen wir es.

. . .

Von Anfang an machten wir vier in der Klasse alles gemeinsam. Berlin war noch immer sehr zerstört, also halfen wir mit, die Ruinen wegzuräumen. Die Klasse stand in langen Reihen, wir warfen uns die noch heilen Steine zu, klopften Schmutz und Mörtel ab und schichteten sie auf. Sie sollten für neue Häuser verwendet werden. Wir schluckten Staub dabei, und die Hände taten ganz schön weh. Das war eine viel schwerere Arbeit als Unkrautzupfen in Mutters Garten in England, und trotzdem machte es mir mehr Spaß. Wir fühlten uns zusammengehörig wie eine vergnügte Familie und sangen oft bei der Arbeit; dadurch lernte ich neue Texte und Melodien kennen. Ein Lied war wie für mich geschrieben: «Du brauchst ja nicht aus Berlin zu sein, wenn du Berliner bist.»

Im Herbst fuhr die Klasse fast jedes Wochenende aufs Land zum Kartoffeleinsatz. Das machte mir zwar nicht solchen Spaß wie Steineklopfen, die Erde war oft feucht und klebrig. Aber ich freute mich immer auf den Abend, weil wir dann am Lagerfeuer saßen, unser Lehrer spielte Akkordeon, und wieder sangen wir. Mein Klassenlehrer hieß Herr Baumfeld; er war sechs Jahre älter als wir und machte allen Unsinn mit, aber trotzdem achteten wir ihn sehr. Ich hätte ihn nicht gegen alle meine Lehrer in England zusammengenommen eingetauscht. Da gab es natürlich auch tüchtige und gute, aber nicht auf seine Art.

Wenn ich daran zurückdenke, ist mir so, als ob wir trotz aller Müdigkeit nie wieder so lustig gewesen sind wie damals. Abends, wenn wir schon halb schliefen, standen die Traktoristen und Melker auf der Straße, schauten zu unseren Fenstern hoch und riefen im Chor: «Stadt und Land – Hand in Hand». Dann flüsterte unser Lehrer: «Eure Kater sind wieder da». Wir saßen auf unseren Lagern und kicherten ohne Ende. Als einer sagte: «Ich klettere zuletzt hoch, dann muß ich auch als letzter runter», wurde ich ganz rot, weil das «meiner» war. Das wußte aber keiner außer mir.

Sammelten wir Geld für die Volkssolidarität, gingen wir vier nach Johannisthal in die Waldstraße. Wir wußten, daß dort viele Professoren wohnten. Die gaben große Spenden, und wir waren die Besten der Klasse. Aber ganz wohl war uns nicht dabei. Wer in Prenzlauer Berg sammeln ging, wo Christl wohnte, bekam weniger zusammen, weil die Arbeiter in dieser Gegend nicht soviel geben konnten und ihr Opfer trotzdem größer war.

In dieser Zeit lasen wir zu gerne Bücher von sowjetischen Helden und Partisanen, von ihrem Mut und Opfertum. Ein Buch, «Die junge Garde» von Fadejew, ging durch die Reihen unserer Klasse. Es erzählte die wahre Geschichte einer Gruppe Komsomolzen und ihres traurigen Schicksals, als ihre Stadt von den Faschisten besetzt wurde. Heute gibt es viele Bücher, die diese Zeit beschreiben, aber fünf Jahre nach dem Krieg war es für viele von uns das erste. Ihre Namen kannten wir auswendig, sie waren kaum älter als wir und kamen fast alle um. Unsere Bewunderung für sie war immer wieder Gesprächsstoff in der Klasse. Und wenn ich manchmal Christl ansah, dachte ich, sie hätte auch dazugehören können.

In der Welt sah es schon wieder sehr unruhig aus, und das ging nicht spurlos an den Menschen vorüber. Es begann eine große Unterschriftensammlung gegen die Atombombe. Die Idee kam aus der Hauptstadt Schwedens, Stockholm, und hieß Stockholmer Appell. In allen Ländern sammelten die Menschen Millionen Unterschriften zum Verbot dieser schrecklichen Waffe; die DDR und auch wir waren natürlich dabei. Vielleicht denkt mancher, schade um unsere Freizeit damals, und was hat es alles genutzt, wo immer noch Atombomben gebaut werden. Aber seitdem sind doch 32 Jahre ohne Atomkrieg vergangen, und dafür nutzt jeder Beitrag, auch die vielen Stimmen, die heute wieder gesammelt werden.

Unterschriftensammlung gegen die Atombombe 1951

Wir waren jedenfalls täglich unterwegs, und Mutter schimpfte wegen der Schularbeiten, wenn ich öfter als dreimal die Woche nachmittags und abends mit meiner Liste loszog. Dann schimpfte ich mit ihr, weil ich glaubte, sie verstehe nicht, wie wichtig jede Minute ist, in der man für den Frieden etwas tut. Aber so seien wohl alle Mütter; sie hatte mir selbst einmal erzählt, wie ihre eigene sich sorgte, als sie ständig mit dem Kommunistischen Jugendverband unterwegs war, und sie habe auch ihren Willen durchgesetzt. Ich höre viel mehr auf sie als meine Brüder, und da könne sie froh darüber sein. Sie lachte, weil ich ja recht hatte.

Wenige Wochen später, im Frühjahr 1951, bekamen wir eine wunderschöne Belohnung für unsere Arbeit – wir empfanden es jedenfalls damals als wunderschön und als eine große Ehre. Der Weltfriedensrat tagte gerade in Ber-

im Gespräch mit dem Schriftsteller Alexander Fadejew

lin, berühmte Wissenschaftler und Künstler waren von weit her angereist. Wir durften uns in der Pause mit den Delegierten unterhalten, und einer von ihnen war der Schriftsteller Fadejew. Wir hatten solche Achtung vor ihm und wurden ganz still und schüchtern, als wir seinen weißen Kopf entdeckten. Er merkte wohl, daß wir ihn immerfort ansahen, denn er kam auf uns zu, und wir setzten uns. Seine Einfachheit und mit welcher Wärme er sich mit uns unterhielt, ist mir heute noch in Erinnerung. Er erzählte uns, daß er die Heimatstadt Krasnodar nach dem Krieg wieder aufgesucht hat, um sich mit den Eltern und Geschwistern der jungen im Krieg Ermordeten zu unterhalten. Wir wollten alles über die wenigen Überlebenden der jungen Garde wissen, ob und was sie studieren, was sie in ihrer Freizeit tun. Unsere mutigen Helden standen wieder ganz deutlich vor uns. Während Fadejew erzählte, dachte ich, er hat solche müden Augen. Bestimmt ist es, weil er selbst so viel Schweres miterlebt hat und es nie vergißt. Und dann dachte ich – welch ein Glück, daß diese Zeit vorbei ist, und wie schön, daß wir in Freundschaft gemeinsam hier sitzen können.

Einmal standen wir am Bahnhof Alexanderplatz mit unseren Listen, und eine Gruppe englischer Soldaten stieg aus. Meine Freundinnen redeten mir so lange zu, bis ich einen, ich suchte den hübschesten aus, um seine Unterschrift bat. Er war so erstaunt über mein gutes Englisch, daß er seine Kameraden zu einem Gespräch heranrief. Ich machte mächtig Propaganda für die FDJ und den Frieden, und alle unterschrieben. Unsere Lehrer staunten über die vielen fremden Namen. Ich erzählte Vater die Geschichte, er war ganz stolz auf mich und sagte: «Du überzeugst noch mal die Königin von England.» Das war alles so weit fort, und ich hatte plötzlich einen Verdacht und fragte Mutter, ob wir wieder mal umziehen – vielleicht zurück nach England. Aber sie sagte bloß: «Wir bleiben» und hatte dabei ihr glückliches Gesicht, das wir so gern an ihr haben.

Die Fotos stellte die Autorin zur Verfügung

ISBN 3-358-00820-7

2. Auflage 1986

Lizenz-Nr. 304-270/550/86-(30)
Gestaltung: Barbara Cain
Lichtsatz und Repro: INTERDRUCK Graphischer Großbetrieb
Leipzig – III/18/97
Druck und buchbinderische Weiterverarbeitung:
LVZ-Druckerei «Hermann Duncker», Leipzig
LSV 7512
Für Leser von 10 Jahren an
Bestell-Nr. 632 150 4
00520